DOCUMENTAÇÃO
PEDAGÓGICA

A manutenção de materiais disponibilizados em *links* externos é de responsabilidade dos detentores de seus direitos autorais.

S779d Stacey, Susan.
    Documentação pedagógica : compartilhando o pensamento das crianças e dos professores na educação infantil / Susan Stacey; tradução: Marcos Viola Cardoso ; revisão técnica: Maria Carmem Silveira Barbosa. – 2. ed. – Porto Alegre : Penso, 2025.
    x, 172 p. : il. ; 25 cm.

    ISBN 978-65-5976-069-5

    1. Educação infantil. 2. Pedagogia. I. Título.

CDU 37-053.2

Catalogação na publicação: Karin Lorien Menoncin – CRB 10/2147

SUSAN **STACEY**

DOCUMENTAÇÃO PEDAGÓGICA

Compartilhando o pensamento das crianças e dos professores na **educação infantil**

2ª EDIÇÃO

Tradução
Marcos Viola Cardoso

Revisão técnica
Maria Carmem Silveira Barbosa
*Professora titular da Faculdade de Educação da
Universidade Federal do Rio Grande do Sul (UFRGS).*

Porto Alegre
2025

Obra originalmente publicada sob o título *Pedagogical Documentation in Early Childhood: Sharing Children's Learning and Teacher's Thinking*, 2nd Edition
ISBN 9781605548036

Copyright © 2023 Redleaf Press
10 Yorkton Court
St. Paul, MN 55117
www.redleafpress.org

All rights reserved. Unless otherwise noted on a specific page, no portion of this publication may be reproduced or transmitted in any form or by any means, electronic or mechanical, including photocopying, recording, or capturing on any information storage and retrieval system, without permission in writing from the publisher, except by a reviewer, who may quote brief passages in a critical article or review to be printed in a magazine or newspaper, or electronically transmitted on radio, television, or the internet.

Coordenadora editorial
Cláudia Bittencourt

Editora
Paola Araújo de Oliveira

Capa
Paola Manica | Brand&Book

Preparação de original
Fernanda Anflor

Editoração
AGE – Assessoria Gráfica Editorial Ltda.

Reservados todos os direitos de publicação, em língua portuguesa, ao
GA EDUCAÇÃO LTDA.
(Penso é um selo editorial do GA EDUCAÇÃO LTDA.)
Rua Ernesto Alves, 150 – Bairro Floresta
90220-190 – Porto Alegre – RS
Fone: (51) 3027-7000

SAC 0800 703 3444 – www.grupoa.com.br

É proibida a duplicação ou reprodução deste volume, no todo ou em parte, sob quaisquer formas ou por quaisquer meios (eletrônico, mecânico, gravação, fotocópia, distribuição na Web e outros), sem permissão expressa da Editora.

IMPRESSO NO BRASIL
PRINTED IN BRAZIL

AUTORA

Susan Stacey trabalha na área da educação infantil há mais de 35 anos como educadora, diretora, professora universitária e orientadora de estágio. Obteve seu mestrado no Pacific Oaks College, em Pasadena, Califórnia. Realiza palestras sobre currículo emergente, práticas reflexivas e responsivas, investigação, documentação e o papel das artes na educação infantil. Apoia estagiários em suas jornadas nesse nível de ensino, trabalhando com educadores iniciantes e experientes. Tem se apresentado com frequência na National Association for the Education of Young Children (NAEYC) e em outras conferências e teve seus trabalhos publicados nas revistas *Young Children*, *Young Exceptional Children* e *Exchange*.

Para minha irmã, Sarah, que sabe instintivamente como estar presente no momento com crianças pequenas

e

Para Linden, cuja flexibilidade e abertura à aprendizagem me capacitaram a crescer em minha prática

AGRADECIMENTOS

Os educadores da educação infantil trabalham seriamente para desenvolver programas bem pensados e com intencionalidade pedagógica para os bebês e as crianças pequenas dos quais são encarregados, muitas vezes com pouco apoio financeiro ou reconhecimento público. Portanto, meus primeiros agradecimentos vão para todos aqueles que trabalham nesse campo desafiador e gratificante e que continuam a procurar e abraçar abordagens inovadoras e promissoras. Essas pessoas dedicadas, que decidem continuar estudando ao longo da vida, devem ser aplaudidas e admiradas, pois elas tomam conta dos jovens nos momentos mais importantes da vida deles.

Os educadores que compartilharam seu trabalho neste livro contribuíram para o campo deles e para a minha própria visão e aprendizagem. Eles são Annette Comeau, cuja experiência em *design* e trabalho inovador foram inestimáveis; Sandra Floyd, cuja cuidadosa documentação de brincadeiras ao ar livre chama a atenção para essa competência nas crianças; Donna Stapleton, que lidera sua equipe com criatividade e dedicação; Aya Saito, que, ainda sendo uma estudante, desafiou profundamente meus próprios pensamentos; Susan Hagner, que sempre foi uma fonte de ambientes bonitos e meticulosamente pensados para crianças pequenas; e Leigh Ann Yuen, cujo trabalho com documentação sobre crianças nos lembra das grandes capacidades dessa faixa etária. Lisa Agogliati, Julie Glen e a turma dos exploradores no National Child Research Center (NCRC) generosamente compartilharam suas pesquisas e opiniões. Muito obrigada a todos pela paciência com esse longo processo de escrita e edição e pela disponibilidade para compartilhar seus pensamentos.

Outros pensadores contribuíram muito para a minha própria aprendizagem: Margie Carter, Deb Curtis e Ann Pelo provocam minhas ideias toda vez que nos encontramos e que eu leio o trabalho delas; Diane Kashin é a melhor "compartilhadora" nas redes sociais e, com isso, encoraja todos nós a lermos sobre os trabalhos uns dos outros — até mesmo trabalhos de fora de nosso próprio campo;

e, é claro, meus mentores e amigos de longa data Carol Anne Wien e Betty Jones, que são responsáveis, como sempre, por ampliar os horizontes dos meus pensamentos. Com outros amigos e colegas — que incluem Liz Hicks, Kathy Boelsma, Carrie Melsom e Christine McLean —, temos um grupo em que trocamos ideias em um ambiente instigante e acolhedor.

Grande parte do trabalho realizado com as crianças na Halifax Grammar School não teria sido possível sem Linden Gray (*in memoriam*), gestora da escola preparatória durante meus anos lá. Sou grata pela compreensão dela em relação ao currículo emergente e aos métodos de documentação e pela liberdade que ela me deu para explorar novas abordagens. Sinto falta de suas contribuições animadas e encorajadoras.

Em Halifax, na Nova Escócia, pertenço a uma importante comunidade de prática que começou com a iniciativa *Reimagining Our Work* (Reimaginando o Nosso Trabalho), desenvolvida por Margie Carter e Ann Pelo. Nosso comitê local, que abrange as Províncias do Atlântico, no Canadá, discute práticas inovadoras, compartilha nosso trabalho, reflete sobre desafios do nosso campo, discute pontos de diferença entre nossas crenças e consistentemente provoca e desafia os membros a liderarem o crescimento profissional.

Por fim, um grande agradecimento deve ir para as famílias da Halifax Grammar School, fontes das investigações que aparecem neste livro. Elas não apenas demonstraram que entendiam e valorizavam nosso currículo, mas também nos apoiaram de forma prática com materiais, visitas à escola para compartilhar conhecimentos com confiança e entusiasmo. Expresso meu sincero agradecimento a elas por me permitirem compartilhar os pensamentos e a aprendizagem de seus filhos por meio desta obra.

SUMÁRIO

	Introdução	1
1	O que é e por que fazer	7
2	Por onde começar	25
3	*Design* e fotografia	39
4	Projeto Chocolate	51
5	Documentando acontecimentos extraordinários e breves explorações	65
6	Documentação pedagógica com bebês, crianças pequenas e crianças não verbais	77
7	Conectando-se com as famílias por meio da documentação	87
8	Inspirando-se em documentações "brutas"	99
9	Documentação digital	113
10	Tornando visível nosso conhecimento profissional por meio da documentação pedagógica	127
11	Professores como pesquisadores	145
	Glossário	157
	Referências	161
	Índice	163

INTRODUÇÃO

O processo de documentar as brincadeiras, as ideias, os pensamentos e a aprendizagem das crianças é uma jornada. O uso de práticas emergentes e baseadas em investigação com crianças pequenas continua a se espalhar por todo o mundo na educação infantil e nos primeiros anos escolares, e a documentação se tornou uma importante ferramenta de suporte para esse tipo de prática. Por exemplo, dentro do currículo emergente, muitas vezes usamos um ciclo de investigação que envolve observação durante as brincadeiras, reflexão entre pares e com as crianças, documentação das ideias e pensamentos das crianças e uma tomada de decisão dos educadores. A documentação desempenha um papel importante nesse processo. Ela nos provoca a desacelerar e refletir antes de tomar decisões, nos perguntando o que documentar e por quê. Por meio da documentação, nossa prática se torna reflexiva, responsiva e intencional, e somos capazes de tornar o nosso trabalho, e o das crianças, visível para os outros.

Suspeito que muitos de nós ouvimos pela primeira vez sobre a documentação pedagógica — a prática de tornar o pensamento e a aprendizagem de crianças e professores visíveis por meio de exposições gráficas de fotografias, amostras de trabalhos e textos — quando examinamos o trabalho proveniente de Reggio Emilia, na Itália. Essa documentação foi, e continua a ser, surpreendentemente perspicaz, profissional e instigante. Não é de surpreender que esse trabalho tenha conquistado nosso coração, nossa mente e nossa imaginação.

Ao longo dos anos, por meio de visitas de estudo, leituras, *webinars* e inclusão em programas de treinamento sobre a educação infantil, aprendemos muito sobre aprendizagem e investigação baseadas em projetos com nossos colegas de Reggio Emilia. Após a devastação da Segunda Guerra Mundial, famílias e educadores dessa cidade no Norte da Itália começaram a desenvolver abordagens detalhadas, criativas e inspiradoras para a educação de crianças pequenas, o que fez com que educadores de todo o mundo passassem a considerar essa nova imagem constituída sobre as crianças e refletissem como poderiam aplicá-la em suas próprias práticas educativas. Ao longo do tempo, alguns educadores adaptaram abordagens de Reggio Emilia em seus próprios contextos de educação infantil, incluindo o uso de documentação pedagógica. Além disso, a prática de documentar ideias, pensamentos e brincadeiras das crianças (e pensamentos dos professores sobre esse trabalho) agora está presente em muitas estruturas curriculares em diversos países. A documentação se tornou parte da prática e do desenvolvimento de muitos educadores.

Minha primeira experiência frente à documentação do trabalho de crianças está na minha memória há mais de 30 anos. Ela ocorreu quando eu estava em uma excursão de estudos no Model Early Learning Center (MELC), uma pré-escola para crianças de 3 a 5 anos em Washington, DC, onde a fundadora e diretora Ann Lewin-Benham estava explorando o trabalho de educadores e gestores de Reggio. Os educadores do MELC estavam fazendo uma colaboração no local com Amelia Gambetti, uma consultora pedagógica de Reggio Emilia que estava em visita. Gambetti trabalhou ao lado dos educadores do MELC por vários meses para que eles pudessem experimentar as abordagens das escolas italianas. Naquele momento, eu era a coordenadora do programa no Peter Green Hall Children's Centre (PGHCC) em Halifax, na Nova Escócia, e estávamos imersos no estudo de abordagens e ideias de Reggio Emilia. A diretora do PGHCC, Barb Bigelow, e eu ficamos entusiasmadas ao saber que o MELC estava oferecendo uma visita de estudos para conhecer o ambiente e o trabalho da instituição com a possibilidade de dialogar com seus professores. Nós corremos para o telefone para nos inscrevermos nessa visita.

E não nos desapontamos. Ao longo de dois dias, nosso aprendizado sobre a abordagem de Reggio Emilia em relação à educação se aprofundou, e a experiência desafiou nossos pressupostos. Foi uma rica experiência em muitos níveis. Observamos ambientes bonitos e cuidadosamente planejados que foram desenvolvidos com uma intensa atenção à beleza, aos detalhes e à organização e levando em conta as possíveis ações das crianças. Vimos itens do dia a dia, como espelhos, usados de maneiras incomuns, muitos materiais naturais e peças soltas pelo ambiente, e vimos alguns equipamentos, como mesas de luz, que eram novos para nós naquela época. Além disso, observamos os educadores tendo conversas meticulosas com as crianças, escutando com atenção e respondendo ao que ouviam. Mas foi durante a primeira visita ao centro que me deparei com algo que me deixou cheia de curiosidade e admiração: um simples painel de documentação chamou minha atenção. Eu me virei para Barb e perguntei: "Você já tinha visto isso?". As fotografias, dispostas precisamente em um formato horizontal com texto abaixo de cada foto, contavam uma história sobre uma exploração de linhas. As fotografias, traços do trabalho das crianças, e as explicações me provocaram a pensar sobre o raciocínio delas. Mas, ainda mais importante, a ideia de que investigar e aprender poderiam ser organizados visualmente dessa maneira foi algo que me surpreendeu. Eu nunca tinha visto ou ouvido falar de representações gráficas do processo de colaboração entre crianças e professores. Meu primeiro pensamento foi "É óbvio! Como não pensei nisso antes?". Demonstrar o trabalho das crianças dessa maneira fazia todo o sentido para mim, e eu queria experimentar imediatamente.

É claro que a jornada de aprender a desenvolver e utilizar a documentação pedagógica não acontece rapidamente. Eu tive que investir algum tempo em estudo e experimentações antes mesmo de ficar remotamente satisfeita com alguma documentação que produzi. Porém, a primeira documentação que fiz ao voltar dessa visita de estudos teve um efeito profundo nos meus colegas do PGHCC. Era algo simples: um relato de uma saída de campo a uma plantação de abóboras, juntamente a atividades de acompanhamento e conversas que aconteceram nos dias seguintes e uma descrição do que os professores acreditavam que as crianças haviam aprendido. Essa documentação com certeza não incluía as reflexões mais inspiradoras, mas foi um começo. Os professores ficaram muito satisfeitos em ver o trabalho deles descrito. Pareceu-me que eles consideravam essa documentação uma validação do seu trabalho com as crianças. Ela demonstrou o trabalho árduo, a reflexão e o cuidado com que os professores desenvolveram respostas significativas às ideias e às explorações das crianças. As próprias crianças ficaram animadas para revisitar e falar sobre suas experiências. As famílias paravam nos corredores para ler a documentação, fascinadas com a visão dos pensamentos e ações de seus filhos. Estávamos iniciando uma relação de longo prazo com a documentação pedagógica.

Por que a documentação ressoa tão profundamente conosco como professores? Por que, desde que ela apareceu pela primeira vez no contexto da educação infantil na Europa e na América do Norte, a abraçamos com tanto vigor? Quando pergunto aos educadores o que eles acham da documentação, suas respostas quase sempre mencionam a maneira como ela os faz sentir e os modos como provoca uma resposta nos outros. Talvez esse seja o aspecto mais valioso da documentação ponderada e bem executada: independentemente de seu tópico ou formato, ela provoca uma resposta — de outros professores, das famílias e das próprias crianças. A documentação, em sua melhor versão, leva à reflexão e ao diálogo. Também leva a decisões sobre o desenvolvimento curricular e a novas pesquisas. Ela nos conecta às ações das crianças, uns aos outros e à comunidade em geral. Como educadores, não estamos mais trabalhando isoladamente, mas compartilhando nossos pensamentos, nossos questionamentos, nosso fascínio e ações e pensamentos das próprias crianças. Às vezes não entendemos completamente desde o começo o significado do trabalho delas. As perguntas surgem, se tangenciam e se desenvolvem, e nossa documentação se torna uma história de nossas próprias tentativas de entender e apoiar as crianças em suas investigações. Wien, Guyevskey e Berdoussis (2011, p. 2, tradução nossa) afirmam:

> A documentação pedagógica é a história do professor sobre o movimento de compreensão das crianças. O conceito de aprendizagem na ação ajuda educadores, famílias e formuladores de políticas a entenderem a ideia de que a aprendizagem é provisória e dinâmica; ela pode parecer se expandir e se contrair, aumentar e até desaparecer [...]. A documentação pedagógica é uma história de pesquisa, construída sobre uma pergunta ou uma investigação "de propriedade" dos professores, crianças ou outros, sobre a aprendizagem das crianças.

A documentação pedagógica nos ajuda em nosso trabalho. Ela fornece um espelho que reflete nossa prática. Quando observamos esse espelho com a mente e o coração abertos, ele rapidamente se torna uma ferramenta de aprendizagem não apenas para nós e para as crianças, mas também para as famílias e outros formadores que podem se perguntar por que fazemos as coisas da maneira que fazemos. A documentação pode trazer clareza quando analisamos o que aconteceu nos últimos dias ou semanas. Geralmente, quando as crianças se observam em ação, elas têm algo a mais a dizer sobre o que fizeram, e assim o pensamento e a aprendizagem continuam.

Ao longo dos anos, apresentei a documentação pedagógica a muitos educadores da educação infantil na América do Norte e em todo o mundo. Os participantes de *workshops* e seminários tiveram as mesmas reações várias vezes. Eles dizem que a documentação é algo lindo, que é um esforço que vale a pena, que valida e conta a história do trabalho dos professores e das aprendizagens das crianças e que tem o potencial de atrair as famílias para uma colaboração com educadores e crianças. No entanto, desafios surgem frequentemente quando os profissionais — sejam estudantes ou educadores experientes — começam, de fato, a jornada de documentar o trabalho das crianças. Às vezes, eles subestimam a profundidade da reflexão envolvida, e o texto não faz justiça aos pensamentos e às ideias das crianças. Ou os profissionais que trabalham com turmas muito numerosas simplesmente não conseguem encontrar tempo para reunir e organizar as fotografias, coletar as amostras dos trabalhos das crianças e realizar as anotações essenciais para uma documentação mais rica. No entanto, apesar de todas as dificuldades iniciais, muitos professores resistem, praticam e refletem, e produzem narrativas maravilhosas do que aconteceu, das questões que surgiram, de como elas foram investigadas e dos papéis das crianças e dos professores. A documentação, como o currículo emergente e responsivo que ela defende, é uma jornada pela qual vale a pena se esforçar. Este livro busca apoiar esse esforço, desde os estágios iniciais até as formas mais sofisticadas de documentação, e a esclarecer o que é e o que não é documentação.

Vamos dar uma olhada nos próximos capítulos e em como este livro pode ser útil. Você pode notar que cada capítulo termina com uma seção intitulada "Convite a explorar". Cada capítulo também contém exemplos fotográficos de trabalhos realizados em escolas reais, para que possamos visualizar como várias formas de documentação podem ser desenvolvidas.

O Capítulo 1 examina o que é a documentação pedagógica e o que ela não é, bem como por que ela é importante para educadores, crianças e suas famílias. Pensamos nas reflexões dos professores sobre suas práticas, crescimento profissional, tomada de decisão responsiva e coapropriação do currículo com as crianças. Esse capítulo também oferece uma breve visão geral dos muitos tipos de documentação possíveis, com exemplos fotográficos. Por fim, ele discute quando e como cada tipo de documentação é apropriado ao contexto de uma turma de crianças pequenas.

O Capítulo 2 aborda pontos de partida: o que podemos documentar e por onde podemos iniciar, com exemplos de documentações que começaram a partir de diferentes lugares dentro de uma investigação ou do cotidiano da turma de crianças. Nesse capítulo, também analisamos os diferentes estágios do desenvolvimento do professor no uso da documentação. O capítulo termina com um convite a explorar como vemos o pensamento das crianças à medida que ele se desenvolve.

O Capítulo 3 explora o mundo do *design* e da fotografia. Como a documentação de alta qualidade depende, em parte, de como apresentamos visualmente fotografias, anotações e os trabalhos das crianças, recorremos a uma especialista em *design* para aprender sobre o que funciona bem e o que atrapalha a visualização e a compreensão da documentação pelo leitor. Você encontra, nesse capítulo, sugestões práticas para tirar fotografias úteis e para escolher as fotografias ideais para cada documentação. São tantas opções que você nem vai conseguir usar todas! Além disso, examinamos a linguagem usada para descrever o trabalho das crianças. Como determinamos a essência do que está acontecendo? Como descrevemos isso claramente? O convite a explorar no final desse capítulo envolve fazer escolhas sobre fotografias de crianças em ação.

O Capítulo 4 apresenta uma detalhada "desconstrução" de alguns projetos de longo prazo, para que possamos entender melhor o pensamento dos professores à medida que eles decidem como documentar os trabalhos. O convite a explorar pede que você reflita sobre essas decisões.

O Capítulo 5 traz exemplos da documentação de momentos extraordinários — aqueles acontecimentos aparentemente pequenos que surgem ao longo do dia com as crianças que acabam levando-as, ou os professores, a terem *insights*. Embora não façam parte de projetos de longo prazo, esses momentos são importantes por muitas razões que exploraremos ao longo do livro. O convite a explorar traz a oportunidade de pensar e escrever sobre alguns momentos extraordinários em sua própria sala.

O Capítulo 6 considera bebês e crianças pequenas e como podemos documentar seu envolvente mundo de explorações, sua luta pela independência e sua curiosidade sobre o mundo em geral.

O Capítulo 7 considera a importância de envolver as famílias e algumas maneiras criativas de expor e compartilhar documentações. Examinamos formatos, materiais e o uso de espaços incomuns dentro da sala. Também celebramos a criatividade de professores que pensaram nos espaços físicos de maneiras diferenciadas. Esse capítulo convida você a olhar para seu próprio ambiente e para o potencial dele para apresentar documentações.

O Capítulo 8 oferece soluções para profissionais ocupados que não têm tempo fora do horário escolar para desenvolver documentação. Examinaremos cadernos de esboços, *floorbooks* (livros de chão) e outras formas de documentar dentro da sala e com a participação das crianças.

O Capítulo 9 analisa a documentação digital, discutindo as vantagens e as armadilhas dela. Analisamos aplicativos e redes sociais que podem ser úteis como uma forma de compartilhar a documentação com famílias e outros educadores e discutimos considerações para a criação de um *blog* ou *site* que use documentação pedagógica. O capítulo também inclui alguns *sites* de alta qualidade que falam sobre documentação para você explorar.

O Capítulo 10 oferece maneiras de pensar a documentação pedagógica como uma ferramenta para a aprendizagem profissional. Ao compartilhar o trabalho dos professores, veremos as possibilidades de nosso próprio crescimento por meio do processo reflexivo da documentação.

O Capítulo 11 amplia a oportunidade de olharmos para trás e refletirmos sobre nossa prática e como as informações contidas neste livro podem apoiar o papel do professor como pesquisador. Nele, encontramos a pedagogia da escuta e o que ela significa para nós. Por fim, e mais importante, nesse capítulo, pensamos na resposta das crianças à documentação e como essa resposta pode nos guiar como professores. Terminamos, então, com um convite a explorar final: o que vem a seguir para você?

O QUE É E POR QUE FAZER

A documentação é a história do que aconteceu, incluindo como nós, educadores, interpretamos as ações das crianças e por que esses eventos são importantes. Ela deve ser lida por outras pessoas, pois explica tanto os pensamentos das crianças quanto os dos professores e como podemos usar esses pensamentos para avançar em resposta ao que encontramos.

Quando notamos e valorizamos as ideias, os pensamentos, as perguntas e as teorias das crianças sobre o mundo e, em seguida, coletamos vestígios de suas produções (desenhos, fotografias das crianças em ação e transcrições de suas palavras) para compartilharmos com uma comunidade mais ampla, estamos fazendo uma documentação. Existem vários níveis de documentação.

A **exposição** é uma simples montagem de fotografias e/ou produções das crianças, talvez em uma parede ou em um corredor. A intenção é, geralmente, compartilhar os resultados (o produto) dos esforços das crianças na sala ou talvez em uma saída de campo. Apenas isso ainda não conta como documentação, mas é algo que tem o potencial de iniciar essa jornada.

A **documentação** inclui textos, fotografias, exemplos de processos das crianças à medida que exploram e aprendem, quaisquer pequenos trechos de diálogos importantes entre crianças e educadores, ou qualquer coisa que faça os pensamentos e as ideias das crianças ganharem vida para as pessoas que as veem. O foco não está no resultado do que as crianças fazem, mas nos processos — às vezes confusos e desorganizados — que as ajudam a alcançar o que queriam fazer. Idealmente, a colaboração entre crianças e educadores fica visível na documentação.

A **documentação pedagógica** leva o processo a um passo adiante. Ela inclui todo o conteúdo gráfico mencionado acima — fotos, anotações, trabalhos das crianças, papéis desempenhados pelos professores, conversas, e assim por diante —, mas o material se torna uma ferramenta para reflexão e aprendizagem dos professores e da equipe educativa. O processo de documentação se torna pedagógico — ocorre um estudo da aprendizagem — quando tentamos entender o significado subjacente das ações e das palavras das crianças, descrevendo eventos de maneira que a documentação se torne uma ferramenta para colaboração com outras pessoas, para o desenvolvimento da aprendizagem, para pesquisa de professores e para o desenvolvimento curricular. Carol Anne Wien, Victoria Guyevskey e Noula Berdoussis (2011, tradução nossa) apresentam alguns *insights* sobre a documentação pedagógica:

> conceituar a documentação pedagógica como pesquisa do professor exige que o professor não tenha certezas, mas que, em vez disso, se espante, faça perguntas, investigue muito bem/com atenção o estado de espírito ou o sentimento temporário das crianças.

Exploraremos essa ideia de documentação pedagógica como pesquisa para professores mais adiante neste livro. Mas é importante lembrar a citação de Carol Wien de "não ter certezas, mas fazer perguntas". Quando não temos certeza do que está acontecendo nas brincadeiras e explorações das crianças, mas estamos intrigados e cheios de maravilhamento, a documentação pedagógica pode registrar ideias sobre as quais podemos querer pensar, discutir e talvez encontrar maneiras de responder.

Ao longo deste livro, você encontrará exemplos de documentação e documentação pedagógica, tornando visível a transição de uma para a outra. Por exemplo, pode haver uma documentação que conte bem a história da exploração dos materiais pelas crianças, mas que não tenha nenhuma reflexão ou interpretação do educador. Nesse caso, exploramos possíveis pontos de atenção que possam levantar perguntas dos educadores sobre as intenções das crianças, as conexões que elas estão fazendo ou as possibilidades de prosseguir com explorações continuadas. Dessa forma, a documentação se torna pedagógica: uma maneira de pensar e aprender para o educador.

O processo de documentação é realmente isso: um processo, em vez de uma simples exposição. Observamos e ouvimos atentamente, prestando atenção não apenas às brincadeiras das crianças, mas também às interações delas entre si e com os adultos e como elas estão usando os materiais e o ambiente físico. Em outras palavras, percebemos as maneiras como as crianças se relacionam com seus mundos e o que elas pensam desses mundos. Elas podem demonstrar seus pensamentos por meio de palavras, ações, arte, música, teatro e todas as outras maneiras pelas quais as crianças comunicam suas ideias — suas "Cem Linguagens" (Malaguzzi; Gandini, 1993). Devemos, portanto, ser observadores cuidadosos.

É claro que as famílias também querem documentar a vida e o crescimento de seus filhos. Elas têm orgulho e ficam encantadas com as ações e realizações de seus filhos, então os fotografam — e muito! Algumas crianças pequenas expressam consternação quando os adultos ficam constantemente as fotografando e dizem "chega de fotos!". Em nossas primeiras experiências, devemos ser sensíveis aos pensamentos e às reações das crianças sobre o processo de documentação. Em uma conversa com a Dra. Christine McLean, professora associada do Departamento de Estudos da Criança e da Juventude da Mount Saint Vincent University, em Halifax, Nova Escócia, Canadá, discutimos a diferença entre observação e vigilância e concordamos que devemos ser discretos para não interferir nas interações e na concentração das crianças. Aqui estão algumas considerações:

- Podemos observar à distância. Não precisamos estar em cima das brincadeiras das crianças para ver o que está se desenrolando. Como a maioria das equipes de educação infantil inclui mais de um educador, é fácil se distribuir pelo espaço. Cada educador notará coisas diferentes sobre o que as crianças estão fazendo, e eles podem discutir essas observações juntos mais tarde para examinar todas as perspectivas. Em ambientes familiares de cuidados infantis, em que os educadores geralmente trabalham sozinhos, uma câmera pode ser uma ferramenta útil para pausar ou registrar o que está acontecendo para reflexão posterior.

- Podemos priorizar fotografar a interação prática das mãos das crianças com os materiais (fotografando as próprias mãos), em vez do rosto delas. Dessa forma, a câmera não fica intrusivamente no rosto das crianças, mas com foco no que elas estão fazendo.

- Podemos usar lentes teleobjetivas para fotografar de longe o que está acontecendo.

- Podemos obter o assentimento das crianças para fotografar seus trabalhos. Muitas vezes elas concordam com isso, mas, caso não concordem, pode-se fazer um pequeno esboço para ter em mente o que estava acontecendo.

- Podemos perguntar às crianças que são capazes de criar desenhos representacionais se gostariam de fazer um esboço do que estavam trabalhando ou no que estavam interessadas. Isso as aproxima do processo de documentação.

Se tomarmos nota e tirarmos fotografias, temos informações sobre as quais podemos refletir. Em uma sala movimentada, pode ser tentador omitir a etapa de reflexão. Quando pulamos essa etapa, ela se torna "o elo perdido" (Stacey, 2018), pois é essa importante pausa para reflexão que informa nossa prática. É difícil encontrar tempo para se reunir com outras pessoas para refletir e dialogar, mas essa é uma parte crucial para construir sentido sobre o que as crianças estão fazendo. Ela nos ajuda a decidir no que devemos prestar mais atenção, a que devemos responder e o que devemos documentar. Quando conversamos com nossa equipe ou nossos mentores, compartilhamos nossos pensamentos, testamos nossas teorias e podemos perguntar uns aos outros: "No que você está pensando?". O questionamento, a curiosidade dos professores, bem como das crianças, torna-se uma parte importante da prática reflexiva que se torna visível em nossa documentação.

Se você estiver tendo problemas para iniciar esse processo de reflexão ou formular perguntas sobre o que está acontecendo, o uso de fotografias é uma maneira útil de iniciar a discussão. Em um *workshop* que cofacilitei com a Dra. Carol Anne Wien, por exemplo, ela pediu aos participantes que olhassem atentamente para uma fotografia e descrevessem o que viam. No início, as observações foram muito concretas: "Uma criança está olhando por uma janela". Mas então, à medida que colaboramos para criar significado, desaceleramos o processo para considerar o que estava chamando nossa atenção; pensar nas possíveis razões pelas quais a criança estava fazendo isso, como ela poderia estar se sentindo e como a fotografia nos fez sentir; fazer conexões com as nossas experiências anteriores; e assim por diante. Apenas uma fotografia já foi capaz de gerar uma hora de discussão, novas formas de ver e pensar e inúmeras respostas possíveis.

Um dos resultados mais gratificantes de documentar o trabalho das crianças é que isso ajuda em nosso crescimento como professores de várias maneiras:

- A documentação exige que reflitamos sobre nossas próprias práticas. Quando uma criança usa materiais ou interage com outras pessoas de maneiras inesperadas, quando ela se esforça para concretizar suas ideias ou quando ela se volta apaixonadamente para seu projeto dia após dia, a documentação pedagógica nos faz questionar: por que será que ela continua se voltando para essa ideia? Qual é a intenção dela? Como podemos ajudar no seu aprendizado? Que conhecimento ou experiência anterior levou a essa descoberta? O que isso significa em relação ao que faremos amanhã ou na semana que vem? Se quisermos documentar o pensamento ou a aprendizagem da criança de forma respeitosa e com discernimento, precisamos refletir sobre perguntas como essas.

- Quando examinamos nossos dados — fotografias, anotações e gravações —, podemos nos envolver em práticas intencionais. Tendo observado, registrado e refletido, podemos tomar decisões cuidadosamente elaboradas sobre como responder à criança. Talvez tenhamos uma grande quantidade de informações e devamos considerar cuidadosamente o que é importante responder — e quando —, pois não podemos responder a tudo o que vemos. Quando identificamos o que consideramos importante para uma criança e juntamos isso em um painel ou uma página de documentação, o processo geralmente nos leva às próximas etapas.

- Dessa forma, o currículo se torna uma colaboração entre crianças e educadores. E quando compartilhamos a documentação pedagógica com as crianças, dando a elas uma oportunidade de resposta adicional, compartilhamos a autoria do currículo. A forma como as crianças respondem — o que dizem, o que percebem, como se envolvem com a documentação — ajuda nas nossas decisões sobre o que fazer a seguir.

Ann Pelo, Margie Carter e Deb Curtis descrevem esse tipo de pensamento e resposta no protocolo Thinking Lens©:

Conheça a si mesmo. Abra seu coração para esse momento.
Leve em conta o ponto de vista das crianças.
Colabore com outras pessoas para expandir perspectivas.
Reflita e comece a agir (Pelo; Carter, 2018, tradução nossa).

Esses quatro pontos nos lembram de prestar atenção às nossas respostas emocionais em cada momento com as crianças, manter nossos valores em mente, refletir sobre o processo de pensamento das crianças, colaborar com os outros e pensar antes de agir.

Quando pensamos sobre o ciclo de investigação — observar, refletir, documentar, compartilhar e comunicar —, podemos ver que a documentação pedagógica tem a capacidade de informar nossa vida em sala de maneiras profundas. Ela pode influenciar a aprendizagem conjunta de crianças e professores e contribuir para o desenvolvimento de um currículo verdadeiramente efetivo. A documentação se torna muito mais do que apenas exposição.

A NECESSIDADE DE APOIO

Quando gestores pedem aos profissionais da primeira infância que observem e reflitam e, então, produzam uma documentação que demonstre o pensamento e a aprendizagem das crianças, eles estão pedindo um compromisso de tempo e energia mental. O que eles podem oferecer para apoiar essa prática? Embora todos possam reconhecer o valor da prática de reflexão e da documentação pedagógica, bem como todas as recompensas intrínsecas desse tipo de trabalho, como os gestores podem apoiar os educadores no sentido prático? Pode ser assustador, até mesmo para os educadores mais entusiasmados e habilidosos, encaixar a documentação em seus dias incrivelmente ocupados.

O tempo é o recurso mais valioso que os gestores podem dar. É também o mais difícil de fornecer. Leva tempo para refletir e construir uma documentação. Os gestores têm dificuldade de fornecer esse tempo. Ele custa dinheiro, pois requer que alguém substitua o professor na sala. Aqui estão algumas estratégias compartilhadas por alguns gestores:

- Compartilhe ideias e reflita durante as reuniões de equipe, em vez de abordar itens da pauta administrativa que podem ser tratados por outras vias de comunicação. Quando as reuniões regulares de equipe se tornam um momento para compartilhar documentação e pensar juntos, a equipe forma uma comunidade de apoio a profissionais que pensam juntos. Considere alternar a oportunidade de compartilhar com toda a equipe, com cada sala tendo sua vez para apresentar alguma documentação para discussão.
- Forneça os recursos para que os educadores produzam a documentação *com* as crianças na sala. Os suprimentos concretos devem estar à mão, bem organizados e acessíveis em todos os momentos. Os capítulos posteriores deste livro discutem o "como" dessa abordagem com mais detalhes.
- Quando os educadores precisarem criar documentações mais longas, redistribua a equipe em dias de menor frequência para dar a uma pessoa tempo fora da sala para se concentrar em reunir os dados e compartilhá-los em formato físico ou digital.
- Contrate outros funcionários para construção da documentação. Uma gestora compartilhou que quando estava contratando um novo assistente administrativo ela escolheu alguém com experiência em primeira infância, em vez de uma pessoa com experiência em administração. Uma das responsabilidades do novo cargo era construir a documentação, reunindo-se com os professores para entender completamente o evento descrito. Um diretor assistente ou coordenador de programas também pode preencher essa função.
- Forneça um recurso para educadores que não têm experiência em documentação. Por exemplo, Annette Comeau, diretora do Centro de Estudos da Criança da Mount Saint Vincent University, desenvolveu um guia para orientar os educadores durante o processo de documentação. Ele incluía informações técnicas sobre o uso de vários aplicativos de *design* para juntar fotografias e textos de maneira profissional. Facilitar os aspectos práticos do processo dessa maneira permite que os educadores se concentrem mais no conteúdo.

- Mantenha as expectativas realistas. Quando amamos documentar, não nos importamos de gastar nosso próprio tempo para fazer isso. É um prazer para alguns educadores se envolverem nesse tipo de trabalho. No entanto, quando temos uma vida muito ocupada, tanto no trabalho quanto em casa, às vezes ficamos sem tempo e energia. Mantenha a documentação simples para que ela realmente aconteça. É melhor ter uma documentação curta, atenta e simples do que não ter nenhuma. Documentações curtas, produzidas mais facilmente, muitas vezes podem ser incorporadas para formar um todo maior e mais rico ao longo do tempo.
- Considere uma documentação em uma versão inicial como uma opção rápida para a prática reflexiva. Essa documentação é apenas para o professor, e não para ser compartilhada. Ela pode ser uma coleção de anotações simples que inclua ideias iniciais ou provisórias que possam levantar algum ponto de discussão para a equipe. Dedicamos o Capítulo 8 a esses esboços de documentação, que são feitos na hora, sem muitos detalhes e rapidamente, mas que trazem uma riqueza de informações para discussão entre a equipe de ensino.

QUANDO VOCÊ TRABALHA SOZINHO

Os cuidadores de crianças para famílias geralmente trabalham sozinhos com um grupo de idade mista. Pode ser mais difícil para eles encontrar apoio para sua prática e, em particular, para fazer documentação. Como mencionado anteriormente, a câmera é uma ferramenta importante para registrar eventos que pareçam interessantes, importantes ou intrigantes. Trabalhando sozinhos, educadores podem tirar algumas fotografias todos os dias. Essa prática se torna mais poderosa quando se consegue fazer algumas anotações para ajudar a apoiar as reflexões no final do dia. Aqui é onde um caderno para esboços pode ajudar. Nesse formato rápido e simples, o educador pode rabiscar algumas palavras para ajudá-lo a se lembrar de um evento, por exemplo, "Sam, água, drenagem".

É importante que aqueles que trabalham sozinhos tenham um momento em que possam refletir com outras pessoas. Uma comunidade *on-line* pode preencher esse vazio. Discutir a documentação com colegas que pensam da mesma forma pode fornecer um espaço para reflexão e *insights* profundos.

IDENTIFICANDO AS ETAPAS

Embora todos abordem a documentação à sua maneira, existem algumas etapas básicas. Certifique-se de ter material para trabalhar: fotografias, vídeos, anotações feitas na sala, anotações de reuniões de equipe, e assim por diante. Esse material deve ser mantido em um local acessível, como uma pasta ou fichário, um caderno de esboços ou em *post-its*. As histórias podem ser — e muitas vezes precisam ser — curtas.

Em nossos dias ocupados de sala, nenhum de nós tem tempo para se retirar por um momento apenas para fazer anotações, por isso devemos aprender a fazer anotações curtas na correria enquanto estamos no meio das crianças. Fazer anotações — e sempre manter materiais de anotação à mão — é um hábito que pode ser criado com a prática. Os membros da equipe podem se ajudar no desenvolvimento desse hábito perguntando uns aos outros se a pessoa anotou aquilo quando algo interessante acontecer. Com a prática, levará segundos para anotar algumas palavras e registrar algo que, após uma reflexão posterior, se tornará importante na documentação. Melissa Pinkham (2021, p. 143, tradução nossa), em seu livro *Emergent Curriculum with Toddlers*, nos dá um exemplo de como fazer uma anotação breve: "Félix. Areia. Buscando absorção usando água". Essa breve anotação, explica Pinkham, funciona como um estímulo para a memória, para que ela possa refletir mais tarde sobre o que aconteceu.

Faça uma curadoria e armazene fotografias em pastas que você possa encontrar e examinar facilmente — 200 arquivos na sua câmera não serão úteis. Baixe as fotografias diariamente, armazene-as e organize-as de alguma maneira. Você pode organizar por data, tipo de brincadeira, por criança, e assim por diante. Elas devem ser organizadas de acordo com sua maneira de pensar, para que seja fácil encontrá-las quando precisar.

Tenha um processo para pensar sobre os dados coletados. Os possíveis processos para o seu caso específico podem ser discutidos em reuniões de equipe, mas muitas vezes se resumem a refletir sobre o que aconteceu, decidir o que é importante sobre o evento ou a investigação e chegar a um consenso sobre qual forma de documentação é melhor. Podemos nos perguntar: precisa ser algo rápido e simples? Precisa de uma explicação mais profunda e, portanto, de uma documentação mais longa? Será em papel ou digital? Por quê?

Desenvolva protocolos que funcionem para você. Um protocolo é uma ferramenta para organizar. Por exemplo, temos protocolos para manter as crianças seguras no *playground* e para lavar as mãos. Em nossas práticas pedagógicas, temos protocolos reflexivos para pensar o que queremos fazer e como podemos fazê-lo. Por exemplo, Annette Comeau usa o trabalho de Donald Schon (1983) sobre reflexão para auxiliar os professores a pensarem sobre o que estão vendo. Quando Annette assumiu o cargo de diretora do Centro de Estudos da Criança da Mount Saint Vincent University, ela estava ciente da colaboração contínua desse centro com o Departamento de Estudos da Criança e da Juventude da universidade. O programa precisava demonstrar práticas promissoras e inovadoras na educação infantil, em que estagiários pudessem aprender e se desenvolver e em que os colaboradores pudessem explorar novas abordagens e continuar com a própria aprendizagem profissional.

Com isso em mente, Annette teve que pensar em como apoiar a equipe em seu crescimento, particularmente em relação às observações e às respostas em sala e no modo como as práticas reflexivas poderiam se tornar visíveis por meio da documentação, seja ela inicial ou final. O termo *observação* pode ser considerado por muitas perspectivas. Nesse caso, Annette esperava tornar visível a documentação da turma (observação e respostas), para que todos os protagonistas — professores, famílias e estagiários — pudessem ver como o processo de tomada de decisão se desenrola ou, em outras palavras, ver como o currículo é desenvolvido.

Annette recorreu ao documento curricular da educação infantil de Nova Escócia, nomeado *Capable, Confident, and Curious* (Capaz, Confiante e Curioso), e ao trabalho de Schon (1983) com as ideias de Reflexão na Ação (*Reflection-in-Action*) e Reflexão sobre a Ação (*Reflection-on-Action*). Embora Schon não estivesse escrevendo explicitamente sobre educadores, nós do campo da educação tiramos muito de seu pensamento sobre a prática reflexiva e a adaptamos para atender às nossas necessidades.

- Reflexão na Ação: às vezes descrita como "pensar prontamente", esse processo permite que os profissionais mudem de rumo enquanto respondem no momento às ações das crianças.

- Reflexão sobre a Ação: esse processo envolve refletir sobre uma experiência, situação ou fenômeno depois que ele ocorreu. Quando os profissionais refletem sobre a ação, eles exploram o que aconteceu naquela situação, por que agiram como agiram, se poderiam ter agido de forma diferente, e assim por diante. Podemos refletir em um diário, ou por meio de conversas com nossa equipe, ou simplesmente meditando sobre o nosso dia quando estivermos voltando para casa.

- Reflexão para a Ação: embora não esteja incluída no trabalho original de Schon, a reflexão para a ação é importante para as práticas dos educadores, pois é nela que decidimos como um evento pode ser usado para responder de maneira ativa a alguma situação com as crianças no futuro. Como essa ação e nossa reflexão sobre ela podem mudar nossos planos para os próximos dias e semanas? Como isso informa nossa prática?

Cada sala do Centro de Estudos da Criança da Mount Saint Vincent University tinha pastas para receber formulários baseados nas práticas de Schon.* A seguir, vemos um exemplo disso na prática.

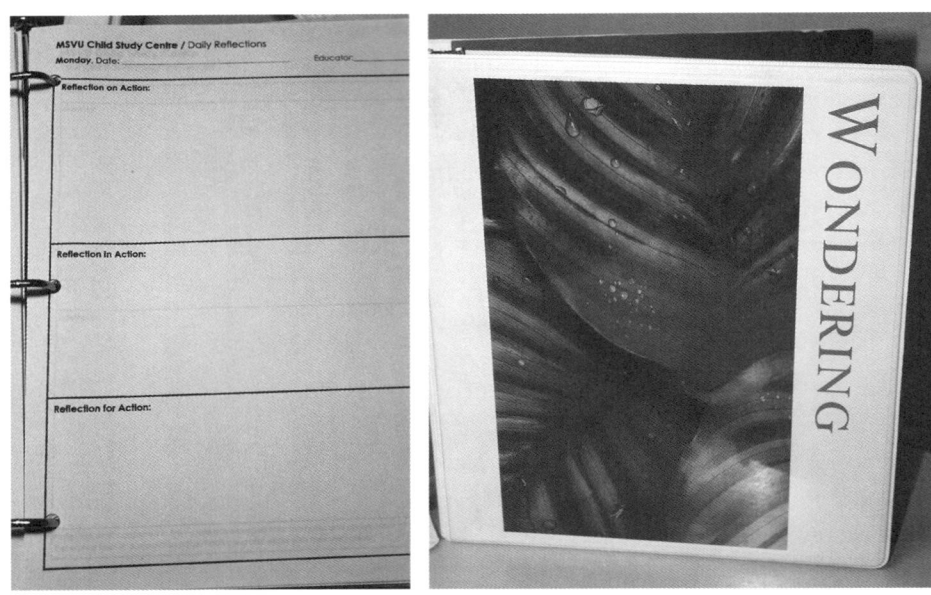

Esses fichários foram intitulados "Imaginando" (em inglês, *Wondering*), com a intenção de representar a curiosidade, as perguntas e os *insights* que surgiram dos professores.

Annette também tinha suas próprias dúvidas. Na prática, qual seria a diferença, se é que havia, de documentar dessa maneira?

---

* N. de R. T. O livro mencionado de Donald Schon foi traduzido pela Artmed com o título *Educando o profissional reflexivo: um novo design para o ensino e a aprendizagem*.

> **ANNETTE COMEAU SOBRE O APOIO AOS EDUCADORES**
>
> Quando começamos a observar dessa maneira, eu esperava que a equipe se desse tempo para desacelerar e ver o que as crianças estavam fazendo, assumindo a posição de um coaprendiz. Eu esperava que esse processo possibilitasse que os educadores registrassem algumas das conexões autênticas feitas com as crianças ao longo do dia. Também era muito importante para mim que os professores tivessem o registro do seu próprio trabalho. Em salas movimentadas, isso geralmente é difícil de fazer. Eu sabia que minha equipe estava fazendo coisas maravilhosas com as crianças e queria que ela estivesse mais consciente disso.
>
> No início, os educadores achavam difícil dedicar tempo para fazer observações, então, como organização, tivemos que desenvolver uma mentalidade e uma compreensão de que esse trabalho era importante e que precisávamos abrir espaço para ele. A equipe também precisou de tempo para descobrir a melhor forma de escrever e o que era realmente útil. Essa é uma habilidade que só é possível desenvolver por meio da prática. Para ajudar a orientar a equipe, como aspecto central, participamos do desenvolvimento profissional de técnicas de observação e escrita. A jornada de cada pessoa foi diferente e não foi um processo fácil. Como gestora, vi as observações se tornando mais ricas, capturando mais da experiência autêntica das crianças. Também vi educadores encontrarem conexões nas explorações e aprendizados das crianças, um resultado da habilidade de revisar observações anteriores. Alguns funcionários relataram ver o valor dessas observações para informar a prática e pareciam orgulhosos do corpo de trabalho que estavam criando.
>
> Depois de vários meses no processo, começamos a documentar o trabalho das crianças usando um formato de portfólio. As observações eram feitas com o objetivo de fornecer a base para as entradas nos portfólios. Na etapa seguinte da nossa jornada, reservamos um tempo para os educadores se reunirem para discutir o que estavam observando e registrando. A colaboração com colegas é vital para servir de base para análises e questionamentos mais profundos e ajuda os educadores a aprender e crescer juntos à medida que participam desse processo.

AS MUITAS FACES DA DOCUMENTAÇÃO

A documentação pode assumir várias formas. Para encontrar nossa própria voz para fins de documentação, devemos usar *layouts* e estilos que melhor se adequam às crianças, suas famílias e contextos. Primeiro devemos nos perguntar para quem é a documentação. Talvez você trabalhe em uma comunidade de educação infantil que valoriza explicações sobre o que você está fazendo e o porquê. Nesse caso, você enfatizaria mais o texto em suas documentações. Ou talvez você tenha um grupo de crianças de 4 ou 5 anos que têm muito a dizer sobre o trabalho delas quando o veem documentado. Nesse caso, uma ênfase maior pode ser colocada na fotografia, e a história pode ser contada em imagens, bem como em textos que incluam os diálogos das crianças. Talvez a situação seja um grupo de famílias que passa mais tempo lendo a documentação quando ela apresenta muitos trabalhos das crianças. Nesse caso, certifique-se de que sua documentação sempre contenha algo da produção das crianças. Ou talvez suas observações a respeito das crianças levem a mais perguntas para os professores, e sua documentação se torne uma narrativa de como essas questões foram abordadas no formato de pesquisa do educador a ser compartilhada com os colegas. Essa forma de documentação às vezes é chamada de *narração pedagógica*.

> **Narração pedagógica**
>
> Embora o termo *narração pedagógica* às vezes seja usado de forma intercambiável com *documentação pedagógica*, alguns educadores o usam para descrever a jornada de pesquisa do professor. De acordo com as *Diretrizes de aprendizagem da educação infantil* da British Columbia, "o processo de discussão de narrações pedagógicas torna a aprendizagem das crianças visível e traz muitas interpretações, vozes e possibilidades diferentes" (British Columbia, 2019, p. 51, tradução nossa).

Muitas vezes, admiramos e nos inspiramos na documentação de outros contextos. Na era digital, é fácil (e útil) ler o trabalho de outras pessoas. No entanto, nossa documentação deve ser exatamente isso: nossa. Ela deve refletir nossas vozes, culturas e crenças e, mais importante, as crianças em nosso próprio contexto.

Como descrevi na Introdução, a primeira vez que vi a documentação pedagógica foi quando encontrei um painel de documentação montado pelos educadores no Model Early Learning Center em Washington, DC. Suas influências vieram de Reggio Emilia — com certeza uma fonte promissora, já que os educadores italianos sempre apresentam uma documentação de alta qualidade e com muitos *insights*. Quando voltei para Halifax, capital da Nova Escócia, Canadá, passei várias horas de joelhos com um esquadro e *spray* adesivo nas mãos até perceber que, por enquanto, precisava manter as coisas simples. Uma história rica e complexa pode ser contada de forma simples, mas, mesmo assim, poderosa.

A seguir, estão apenas algumas alternativas para a documentação do trabalho das crianças. Exploraremos essas opções com exemplos detalhados em capítulos posteriores.

Painéis de documentação

Os painéis de documentação consistem em fotografias, textos e produções das crianças montados sobre uma placa de isopor, cartolinas ou outras superfícies firmes. Esses painéis podem descrever projetos ou processos de longo ou curto prazo nos quais as crianças estão envolvidas. Podemos optar por criar um painel ou vários painéis que conectem partes da história ao longo do tempo.

Momentos extraordinários

Momentos de aprendizado que podem ser pequenos, mas maravilhosos, acontecem ao nosso redor todos os dias. Você pode usar uma página ou painel menor para descrevê-los. Esse tipo de documentação consiste em um ou dois parágrafos de texto simples e uma ou duas fotos para ajudar a compreensão dos leitores. Esses momentos extraordinários podem ser exibidos ou colocados no portfólio das crianças para compartilhá-los com elas e suas famílias.

Depois de perceber os pássaros chegando ao alimentador, várias crianças puxaram "cestas de leitura" (cestas de lavanderia), pegaram pranchetas e sentaram-se nas cestas por mais de meia hora, observando e contando os pássaros e anotando quantos apareciam. Nós, os professores, percebemos que a contagem tinha um aspecto competitivo: quem conseguia contar mais pássaros? Nós nos perguntamos: "Qual é a importância da observação de pássaros para essas crianças?".

Registro diário

Minhas próprias experiências me mostraram que algum tipo de registro diário é uma ferramenta inestimável para se comunicar com as famílias. Produzir uma página por dia para um registro leva pouco tempo, mas esse pequeno investimento traz grandes retornos. Ele dá às famílias um ponto de contato que elas podem examinar e sobre o qual podem conversar com seus filhos. Uma página de registro diário contém uma descrição e fotos de apenas um ou dois momentos durante o dia, mas transmite o tom das investigações das crianças. Na proposta pedagógica da educação infantil da Halifax Grammar School, colocamos nosso registro diário em uma pequena mesa do lado de fora da sala. As famílias podiam ver esses registros com seus filhos no horário de saída. Os irmãos mais novos das crianças também adoravam conferir esse caderno, assim como alunos mais velhos que estavam de passagem. Se enviados eletronicamente para as casas das crianças, esses momentos podem inspirar um tempo significativo de conexão com as famílias.

O registro diário às vezes pode ser desconstruído. Suas páginas podem ser removidas do fichário e espalhadas, para que as crianças possam reexaminar suas ideias originais (provisórias). Às vezes, elas mudam a visão sobre o que pensaram originalmente, e espalhar as páginas para mostrar a jornada delas as permite revisitar, discutir e ter novas ideias. As páginas também podem ser organizadas em um livro caseiro que se concentre em uma investigação específica e que seja colocado na área de leitura para as crianças usarem.

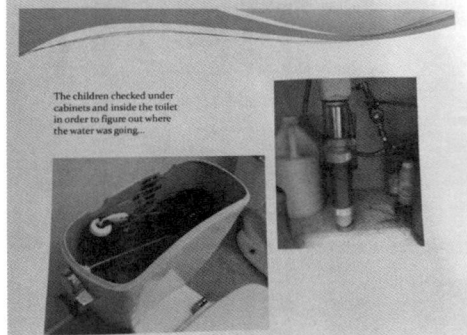

Documentação desenvolvida pelas ou com as crianças

Sempre que me sento na sala para fazer alguma documentação no local durante o dia letivo, crianças curiosas imediatamente me cercam. Isso me diz que elas adoram ver o trabalho delas e falar sobre ele. Elas gostam de ver fotografias de si mesmas trabalhando e se sentem reconhecidas quando veem sua produção sendo validada. Elas têm muito a dizer enquanto eu organizo as fotos e escrevo o texto à mão, ajustando as palavras à medida que avançamos. É um processo fluido e orgânico que me ajuda a ter uma noção mais profunda do que acontece. Ele fascina as crianças porque elas veem seus próprios pensamentos se tornarem visíveis.

No Capítulo 8, discutiremos a documentação inicial, que inclui maneiras pelas quais as crianças podem ser envolvidas e compartilhar a autoria da documentação.

Portfólios individuais

Muitas creches, pré-escolas e programas de educação infantil desenvolvem portfólios (digitais ou impressos) para cada uma das crianças. Os professores costumam usar esses portfólios para fins de avaliação. Eles podem incluir listas de requisitos ou notas de progresso, conforme exigido pela administração. No entanto, um portfólio deve, além de contar, *mostrar* a história do desenvolvimento das crianças. As documentações podem refletir o envolvimento da criança no trabalho em projetos e em brincadeiras complexas em várias áreas da sala. Transcrições de conversas das crianças podem demonstrar a compreensão delas sobre um conceito ou sobre alguma teoria sobre o mundo. Quando um portfólio inclui essa documentação, ele se torna muito mais do que uma ferramenta de avaliação, ele vira também uma história de ideias, investigações e aprendizado.

L. gosta de examinar seu próprio portfólio, relembrando atividades e entendimentos de sua vida na sala.

Documentação digital

Talvez você use algum aplicativo para documentar o que acontece no seu contexto. Existem muitos aplicativos a serem considerados, e se você trabalha sozinho ou em equipe, o seu uso pode tornar a produção de documentação incrivelmente conveniente e rápida. Algumas famílias podem se sentir mais motivadas a ler a documentação se ela puder ser vista diretamente em seus *smartphones* ou *tablets*. Além disso, aplicativos de apresentação, como o PowerPoint, podem nos guiar com modelos de *design* gráfico e nos ajudar a fazer uma documentação parecer organizada e profissional.

No entanto, a documentação eletrônica tem suas armadilhas. Quando esse processo é acelerado, podemos acabar perdendo parte do conteúdo dela se pularmos a importante etapa de reflexão. Exploraremos esse desafio no Capítulo 9, que discute a documentação eletrônica com mais profundidade.

Transcrições ou gravações de conversas

Uma conversa com uma criança pode trazer tantas informações sobre as suas ideias e a sua maneira de pensar, que simplesmente não conseguimos anotar tudo. É nessa situação que usamos um dispositivo de gravação. Se gravarmos uma criança falando, podemos ouvir a gravação mais tarde, quando tivermos algum momento livre ou estivermos em uma reunião de equipe, e podemos refletir sobre o significado a ser extraído das palavras dela. Quando transcrevemos partes dessas conversas e as usamos na documentação, trazemos *insights* para as outras pessoas considerarem, e a própria documentação se torna mais rica.

Na monografia *Making Teaching Visible*, pesquisadores da Harvard Graduate School of Education comentam sobre o valor dessa prática. Eles oferecem exemplos de conversas durante e após uma simples saída de campo:

> Considere o seguinte: e se os professores acompanhassem o que as crianças disseram no passeio ou, alternativamente, ao voltar dele, perguntassem a elas: "O que surpreendeu vocês sobre o lago? Que descobertas vocês fizeram?". As palavras das crianças (ou a escrita ou as representações pictóricas delas) acrescentariam mais informações sobre a experiência. E se os professores adicionassem as perspectivas deles sobre a excursão, escrevendo não apenas um registro do que aconteceu, mas também uma análise de quais aprendizados e descobertas foram feitos durante o passeio? O resultado seria um lembrete poderoso, não apenas dos eventos da saída de campo, mas também do aprendizado que aconteceu como resultado da experiência. As crianças poderiam refletir sobre sua aprendizagem e, potencialmente, aprender mais (Project Zero, 2003, p. 54, tradução nossa).

Essa citação nos lembra da importância de escutar, anotar e observar. E depois disso, podemos refletir sobre os próximos passos.

Histórias de aprendizagem

Desenvolvidas por Margaret Carr e Wendy Lee, ambas da Nova Zelândia, as histórias de aprendizagem são narrativas que descrevem a aprendizagem e ajudam as crianças a se verem como empoderados aprendizes. O principal público-alvo de uma história de aprendizagem são a criança e sua família. Portanto, a narrativa é escrita para as crianças e pensando nelas. A seguir, temos um pequeno trecho que traz um exemplo do tom e do vocabulário usados na história de aprendizagem, de Diane Kashin, autora do *Technology Rich Inquiry Based Research*, um *blog* no qual ela publica com Louise Jupp:

> J. e M., notei como vocês foram atenciosos ao negociar um plano justo para colher os feijões do jardim juntos. Vocês ajudaram um ao outro com a tarefa e mostraram muita cooperação e compreensão das ideias um do outro para concluir essa tarefa (Kashin; Jupp, 2013a, tradução nossa).

Livros de chão (*floorbooks*)

Os livros de chão, ou *floorbooks*, originalmente desenvolvidos na Escócia por Claire Warden, permitem que as próprias crianças documentem o que lhes interessa, seja dentro da própria sala, na comunidade ao redor ou em espaços de lazer. Eles são livros de formato muito grande com páginas em branco e muitas vezes são espalhados no chão para as crianças usarem. Exploraremos mais profundamente os livros de chão no Capítulo 8, mas, por enquanto, podemos dizer que eles são uma maneira convidativa e envolvente de as crianças criarem documentação por meio de desenhos, marcações e comentários transcritos. Eles podem facilmente se tornar uma das partes favoritas de uma rotina diária, guiada pelas crianças.

A sala como documentação

Ao pensar na documentação como um todo — tudo o que ela implica e as muitas maneiras pelas quais pode ser compartilhada — , lembre-se de que as próprias salas são uma forma de documentação. Por exemplo, o que conseguimos descobrir sobre a filosofia, as abordagens de ensino e as crenças de outras pessoas quando entramos pela primeira vez em suas salas? Muitas vezes, formamos uma primeira impressão forte, depois seguimos com uma observação mais profunda, procurando ligações da sala com o pensamento da pessoa e como ela torna esse pensamento visível. Cada espaço de ensino e aprendizagem tem uma ambientação e uma mensagem, e nós intuitivamente captamos essas mensagens.

Os materiais e a disposição dos objetos passam uma mensagem. O ambiente é centrado na criança? Qual é o papel dos materiais naturais? Quais são as evidências de que o espaço pertence às crianças? Como a vida e as experiências domésticas das crianças são representadas?

As paredes também passam mais uma mensagem poderosa: como e onde a documentação é colocada? As crianças conseguem vê-la com clareza para que possam comentar sobre suas experiências? Como os professores coletam traços dos pensamentos e das ideias das crianças? Eles têm sistemas de anotação? As câmeras estão à mão? As próprias crianças tomam decisões sobre o que compartilhar ou o que não compartilhar?

Em vez de servir como uma maneira de julgar o educador, esses tipos de observações podem nos levar a entender as muitas maneiras pelas quais os ambientes da educação infantil, e em particular a documentação deles, funcionam para apoiar as crianças. Podemos aprender com as paredes e as salas dos nossos colegas.

Usando a documentação pedagógica, podemos fazer muito mais do que apenas mostrar o que aconteceu em nosso ambiente de aprendizagem. Podemos nos aprofundar, procurando as motivações e ideias subjacentes que as crianças estão desenvolvendo. Podemos comentar essa análise a partir da perspectiva do professor, trazendo famílias e outros leitores interessados para o complexo círculo de pensamento que é o ensino.

Veja a sala de Jackie Lee (2022)
https://x.com/jackieinwd/status/1542105784133246976?s=46&t=k05iH_ro3yJUWzjF4bO

CONVITE A EXPLORAR

- Como a descrição da documentação pedagógica neste capítulo se compara ou contrasta com sua compreensão anterior sobre o assunto?
- Se você já começou a documentar o trabalho de crianças, examine alguns dos exemplos a partir de uma perspectiva reflexiva. Como a documentação o ajuda entender os entendimentos ou mal-entendidos das crianças? Se ela não ajuda você a compreender o pensamento das crianças, o que é preciso fazer?

POR ONDE COMEÇAR

Em que você pensa quando imagina um dia típico no seu contexto de trabalho com bebês e crianças da educação infantil? Talvez você pense em todas as atividades, planejadas ou inesperadas, nas quais as crianças estão envolvidas: brincadeiras, rodas de conversa, momentos de trabalho em grupo, eventos especiais, explorações ao ar livre, e assim por diante. Ou talvez você imagine rotinas como a chegada das crianças na escola, a hora do lanche, transições, tempo de descanso, cuidados com os animais ou com as plantas, a organização do ambiente e o horário de saída. Acontecem tantas coisas nos programas educativos ricos, que, quando se trata de pensamentos, perguntas e ações das crianças, pode ser um desafio decidir o que é apropriado documentar. Como tomamos essas decisões? Por que escolhemos documentar um evento em detrimento de outro? Neste capítulo, exploraremos possíveis pontos de partida para a documentação.

O QUE REALMENTE ESTAMOS VENDO? E COMO?

A documentação começa com a observação. No entanto, a palavra *observação* é um tanto simplista. Quando documentamos a aprendizagem das crianças, não estamos simplesmente observando e respondendo imediatamente com algum tipo de ideia ou decisão. Em vez disso, estamos observando e escutando com uma compreensão afiada como crianças pequenas expressam suas ideias e questionamentos. Essas ideias e as formas como elas são apresentadas pelas crianças muitas vezes são pouco ortodoxas do ponto de vista dos adultos. Portanto, devemos aprender a escutar e a enxergar de maneira ativa e perspicaz — por meio de uma "lente de pensamento" (*thinking lens*). Observar com uma "lente de pensamento" significa usar nosso conhecimento de eventos ou experiências recentes dentro da sala, juntamente a uma compreensão dos conhecimentos prévios de uma criança sobre um tópico, além do contexto cultural e das experiências familiares dela, para entender de onde vem aquela ideia, paixão ou ação. Em outras palavras, nossas observações baseiam-se em *relacionamentos* com as crianças, para, assim, tomarmos nossas decisões.

Perguntamos a nós mesmos, considerando tudo o que sabemos sobre essas crianças, o que é que elas estão tentando compreender ou fazer. Com isso, tentamos chegar ao significado ou às intenções subjacentes das crianças. Refletir dessa maneira nos ajuda a decidir o que é importante documentar. Essa documentação, por sua vez, informa nossas práticas com a turma. Seguimos um ciclo de observação, reflexão, documentação e tomada de decisão.

Desenhando/fazendo esboços a partir das conversas com as crianças

Os significados por trás das ações de uma criança raramente são claros. A seguir, estão alguns exemplos de conversas e ações que parecem simples na superfície, mas que, quando refletimos sobre, descobrimos que têm possibilidades interessantes para a realização, no futuro, do trabalho conjunto do professor e da criança. Essas possibilidades podem não ser reconhecidas à primeira vista:

- O vaso sanitário do banheiro transborda, e as crianças ficam ao mesmo tempo fascinadas e preocupadas. Elas perguntam: "Por que isso sempre acontece?". Elas olham embaixo das pias para procurar onde fica o encanamento. Elas parecem não saber que a tampa da caixa do vaso sanitário pode ser removida para ver o que tem dentro, mas quando um professor pergunta sobre isso, elas sabem que "os canos levam a água nojenta embora".

- Durante a leitura de *Knuffle Bunny*, de Mo Willems (2005), crianças de 4 anos percebem que os cenários das ilustrações são feitos com fotografias. Elas discutem esse método de ilustração, e uma delas afirma com convicção: "Fotografia *não* é arte!". Isso leva a muitas conversas, ao longo dos dias, sobre o que constitui arte. As opiniões das crianças são variadas.

Começando com os questionamentos dos professores

Quando ouvimos comentários desse tipo vindo de crianças, muitas vezes nos encontramos formulando perguntas. Nos casos descritos anteriormente, por exemplo, nossos questionamentos foram:

- Como as crianças descobrem como suas casas e cidades funcionam? De onde vêm as ideias e conhecimentos prévios delas? Que oportunidades estão disponíveis para uma investigação mais aprofundada sobre a limpeza da água? As crianças estão cientes dessa questão do ponto de vista ambiental (talvez por meio de suas famílias), ou elas não fazem ideia de para onde a água vai quando desaparece de nossas casas?
- Quais são os pensamentos das crianças sobre o que constitui arte? As ideias delas podem ser ampliadas? Como poderíamos fazer isso sem levá-las às compreensões de arte dos professores? Como poderíamos incentivar as crianças a formarem suas próprias ideias? Existem oportunidades para desenvolver múltiplas perspectivas?

A pergunta ou a curiosidade de um professor é um ótimo ponto de partida para a documentação. Uma pergunta cria a oportunidade de oferecer um contorno, um foco, isto é, enquadrar a documentação como uma resposta a um questionamento — como uma forma de pesquisar a resposta. A seguir, está um exemplo de como a documentação se desdobrou em nossa turma em resposta aos pensamentos das crianças sobre arte. Decidimos, após refletir, seguir a ideia de oferecer múltiplas perspectivas, incluindo o uso da câmera como uma ferramenta de arte. Isso nos pareceu ser uma maneira de ampliar o conhecimento delas sem impor nossas próprias ideias sobre o conceito de arte.

Crianças pensando sobre o que é arte durante o encontro da manhã. A linguagem corporal delas demonstra o quanto estão envolvidas em responder à questão.

Formas alternativas de arte — incluindo escultura e música — foram sugeridas para consideração. Elas são arte? O consenso foi que sim. "Alguém as fez com ferramentas, mas quando você tira uma fotografia, basta apertar um botão." Esse comentário de um menino de 4 anos explica claramente o ponto de vista dele: a arte envolve fazer algo com ferramentas ou materiais, em vez de simplesmente apertar um botão. Embora alguns adultos possam não concordar com essa afirmação, ela abre uma porta para exploração.

(Continua)

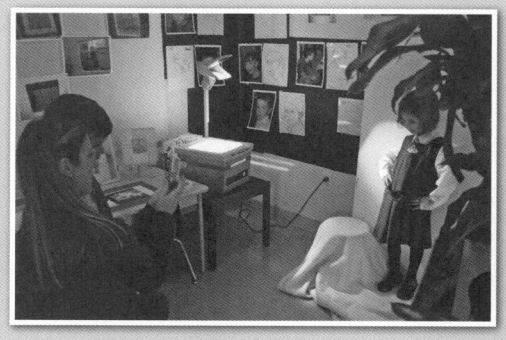

Os educadores dão câmeras para as crianças e fazem um ateliê para brincadeiras teatrais. O que elas vão fotografar? Haverá abordagens criativas? Esse é um convite e não há como antecipar os resultados. Em vez disso, observamos e esperamos.

Podemos ver por meio dessa pequena amostra, tirada de um todo muito maior, como a documentação forneceu uma espécie de roteiro para os professores. Em cada ponto, nos perguntávamos: "Como as crianças responderam à proposta? Qual é o significado da resposta delas?". Após essa investigação sobre mídia artística e fotografia, sentimos que as crianças estavam em uma melhor posição para pensar sobre a arte por meio de referências mais amplas. Depois de semanas investigando variados meios de arte e usando câmeras de várias maneiras, organizamos a visita de uma fotógrafa. Ela disse às crianças: "Minha câmera é meu pincel". As crianças responderam: "Bem, *talvez* fotografia seja uma arte".

Acompanhando um projeto de longo prazo ou investigação de curto prazo

Independentemente se as crianças estiverem trabalhando em um projeto de longo prazo ou em várias investigações de curto prazo, temos muitas oportunidades de acompanhar a jornada delas por meio da documentação. A documentação pode nos ajudar a manter as famílias informadas sobre o que está acontecendo com as crianças e, possivelmente, até solicitar a contribuição delas. Compartilhe a documentação com as crianças para que elas possam ver todo o trabalho valioso que fizeram, testemunhar a si mesmas em ação (por meio de vídeos ou fotografias) e pensar (esperamos que em voz alta!) sobre o que descobriram e compreenderam, quais dúvidas permaneceram e o que pode vir na sequência.

A seguir, apresentamos um excerto de um projeto de longo prazo sobre o corpo humano que documentamos e compartilhamos regularmente com as crianças e suas famílias.

Depois de observar as dificuldades das crianças em fazer uma figura humana de barro, os professores perguntaram: "Bem, como *nós* conseguimos ficar em pé?". As crianças responderam: "Músculos e ossos!". Assim começou um interesse em descobrir como o corpo humano funciona. Muitos métodos de pesquisa foram usados, incluindo visitas à biblioteca da escola, nas quais a bibliotecária sempre encontrava livros apropriados para as crianças explorarem.

Em cada etapa dessa investigação, os professores convidavam as crianças a desenhar suas teorias e ideias. Lentamente, ao longo de semanas, as crianças adicionaram as partes do corpo a um esboço de corpo inteiro, começando com o sistema esquelético e progredindo para órgãos, veias, pele, e assim por diante.

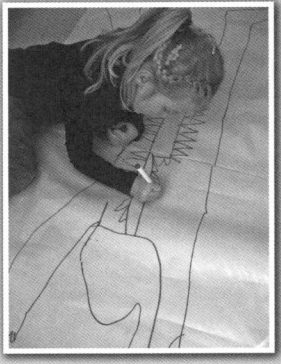

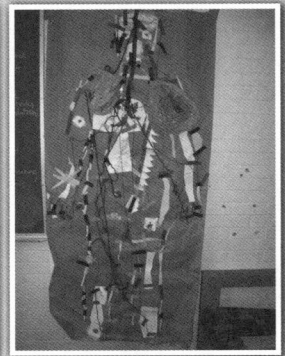

(Continua)

Os germes tornaram-se objeto de uma investigação mais profunda devido ao intenso interesse das crianças e às experiências delas com doenças infantis. Elas fizeram germes de massinha de modelar, desenharam e pintaram neles, fazendo comentários como "Este é um 'germe' de catapora" e "Este é um 'germe' de febre", demonstrando, assim, sua compreensão de que germes específicos levam a doenças específicas.

O estudo do cérebro se tornou um pequeno projeto à parte. As crianças propuseram teorias sobre como o cérebro envia mensagens ("Desce pelo braço até os dedos"), bem como sobre a aparência de um cérebro ("Ele é todo ondulado por dentro"). A argila possibilitou que as crianças fizessem representações do cérebro, e os professores anotaram o que elas disseram sobre o "trabalho do cérebro".

Descrevendo processos

Ocasionalmente, podemos achar necessário ou útil explicar a outras pessoas — talvez famílias ou estagiários — os processos que estão em andamento na sala e por que eles são importantes para o desenvolvimento das crianças pequenas. Por exemplo, nós realmente entendemos a razão pela qual cortar e montar uma colagem com muitos pedaços é uma atividade frequentemente incluída nos programas com crianças pequenas? Concordamos que a arte deve ser baseada em processos? Por que não nos preocupamos com os resultados? Por que temos reuniões matinais ou rodas de conversa? E nessas reuniões em grandes grupos, o que acontece com as crianças em termos de interações sociais, compartilhamento de ideias e aprendizado?

O aspecto incrível sobre essas reflexões e compartilhamento de raciocínios é que eles nos forçam a examinar *por que* fazemos o que fazemos. Ao tentar explicar um processo aos outros, muitos educadores mudam suas abordagens porque percebem que estão seguindo um roteiro antigo ou talvez desatualizado que herdaram de seus antecessores ou que eles sentem que não é mais válido. Outros descobrem que, na verdade, querem manter um certo processo ou abordagem dentro de suas salas e, por meio da documentação, encontram uma justificativa.

Examinando os trabalhos das crianças

Às vezes, mesmo sem conversas, fotografias ou anotações especiais, um trabalho — seja uma modelagem, uma pintura ou alguma representação gráfica experimental — pode ser intrigante por si só. Podemos olhar para a produção de uma criança e pensar: "Isso é interessante!" ou "Sobre o que será que é isso?", e, assim, o trabalho em si é o que nos leva a mais perguntas, observações e talvez respostas de acompanhamento.

De que maneiras podemos achar um trabalho intrigante? A seguir, está um pequeno exemplo.

K. e *Os três porquinhos*

Quando K. juntou-se à nossa turma de educação infantil aos 4 anos, ela nunca havia participado de um programa de educação infantil antes. Ela não falava inglês, exceto por algumas palavras essenciais do dia a dia. Obviamente, ela achou suas primeiras semanas na escola bastante desafiadoras, e falava muito pouco enquanto observava o que estava acontecendo ao seu redor e absorvia a língua inglesa. Embora K. brincasse com outras crianças, não conseguíamos ter conversas significativas com ela por causa da barreira do idioma. No entanto, líamos (e muito!) para ela em inglês.

Um dia, imediatamente depois de ouvir *Os três porquinhos* pela terceira vez, K. foi direto para o cavalete com uma expressão determinada no rosto. Não interagi com ela naquele momento, mas observei à distância enquanto ela pintava lenta e intencionalmente. Quando parecia estar terminando a sua pintura, aproximei-me dela e examinei o trabalho com cuidado: era surpreendentemente detalhado. Eu fiquei me perguntando do que se tratava, então pedi para que ela me contasse.

Por alguns minutos, K. usou o vocabulário que havia reunido das repetidas leituras da história para explicar sua pintura: "O lobo mau, ele está vindo. O primeiro porquinho, ele correu. Aqui está a casa de palha" — ela gesticulou. "Ele respira fundo e assopra. Os dois porquinhos, eles correm. Para a casa de madeira. Essa aqui!" — apontando para a casa. "O lobo mau vem, respira fundo e assopra. Os três porquinhos correm para a casa de tijolos. Ele assopra e assopra, mas não derruba ela! Ele cai da chaminé e foge."

Essas palavras de K. foram, para nós, um indicador claro de que uma criança aprendendo uma segunda língua realmente consegue aprender as convenções e o vocabulário do novo idioma a partir de histórias repetidas, e que K. certamente entendia como a história se desenrolava. A pintura dela forneceu a forma e a confiança para recontar a história verbalmente. Então, como nós documentamos isso para K. e sua família? Esse pequeno momento extraordinário é mostrado na documentação a seguir.

K. demonstra uma compreensão da história pelo que ela pintou e descreveu, usando começo, meio e fim, bem como personagens e citações da história clássica de *Os três porquinhos*. Parece que pintar a história se tornou um tipo de linguagem visual para K., que servia de apoio para o que ela falava. Enquanto ela estava trabalhando na pintura (que levou cerca de 20 minutos), K. estava intensamente focada, muitas vezes parando para pensar antes de passar para o próximo aspecto do trabalho, demonstrando sua intencionalidade.

PROGRESSÕES DO PROFESSOR NA APRENDIZAGEM DA DOCUMENTAÇÃO

Todos nós chegamos à educação infantil partindo de diferentes contextos, com diferentes níveis de educação e experiências variadas. Portanto, não é de se surpreender que a documentação pedagógica também seja muito variada e que, em certa medida, reflita os profissionais por meio das maneiras como eles selecionam tópicos, interpretam ações e apresentam artefatos físicos.

Carol Anne Wien, minha colega e mentora por muitos anos, formou uma teoria sobre como os professores se desenvolvem como documentadores. Como qualquer habilidade, a documentação deve ser aprendida. Ela começa com passos simples que progridem para uma prática cada vez mais sofisticada. Wien, Guyevskey e Berdoussis (2011) sugerem que os professores percorram as seguintes progressões à medida que aprendem a documentar:

1. desenvolver hábitos de documentação;
2. tornar-se confortável com divulgar suas atividades para o público;
3. desenvolver habilidades de letramento visual;
4. ter como um propósito da documentação tornar a aprendizagem visível; e

5. compartilhar teorias visíveis com outras pessoas para interpretação e concepção de currículo.

Vamos ver como essas progressões se desenrolam na prática. A seguir, estão alguns exemplos da minha própria sala e de outras que visitei.

Desenvolvendo hábitos de documentação

Para coletar dados para usar na documentação, devemos ter um sistema organizado e eficiente. Caso contrário, as anotações se perdem, as fotos enchem os cartões de memória das nossas câmeras e gastamos um tempo valioso procurando informações. Temos várias opções para organizar nossas observações: organizar pranchetas pela sala; fazer anotações eletrônicas em um *tablet*; usar notas adesivas (*post-it*) em um local central e de fácil acesso; ou manter um diário centralizado para ser usado por todos os membros da equipe.

A forma de organização que escolhemos individualmente ou como equipe depende, em parte, do que se adapta às nossas disposições e aos nossos níveis de organização. O que será necessário para encontrar uma anotação ou foto quando precisarmos? Quanto espaço temos na nossa bancada ou escrivaninha? Você é o tipo de pessoa que precisa de um método de anotações que esteja perto o tempo todo, ou você vai caminhar até outra parte da sala para escrever? Esses detalhes aparentemente pequenos e práticos são importantes no decorrer de um dia agitado. Devemos facilitar a documentação para nós mesmos, ou ela não vai acontecer.

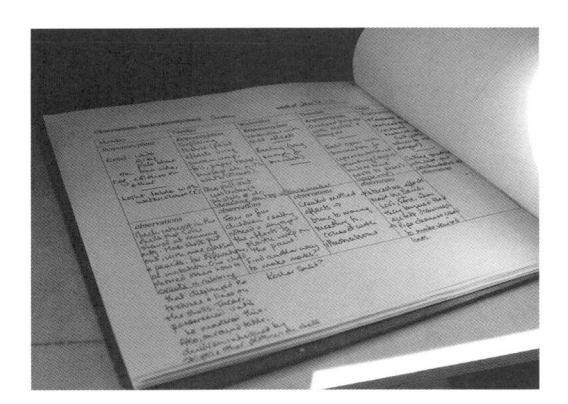

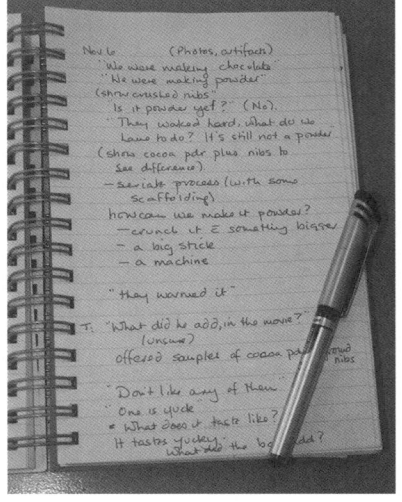

Tornando-se confortável com a divulgação de atividades para o público

Qual é o seu nível de conforto com tornar público o que você está fazendo? Você prefere começar mantendo sua documentação dentro da sala ou em um corredor dentro da escola? Ou você não tem problemas com compartilhar a documentação *on-line*, talvez por meio de um *blog*? Existem passos para tornar pública uma documentação, e você não precisa compartilhar as atividades com todo mundo se não se sentir pronto para isso. Se a sua documentação faz afirmações sobre o que você acha que está acontecendo e por quê, é preciso confiança para disponibilizar esses pensamentos para o público.

Quando você compartilha um trabalho escrito, ele deve, é claro, estar escrito de forma gramaticalmente correta. A sua documentação também deve ser compreensível para os outros. Portanto, pode ser útil obter *feedback* de um colega de confiança. Seu colega consegue identificar erros de ortografia? Ele entende o objetivo do trabalho ou está enxergando outra coisa nas fotos e no texto que você apresentou? A documentação é um ato de comunicação. Quando você for a público, certifique-se de que a mensagem que você acha que está enviando é a mensagem que os outros estão recebendo.

Desenvolvendo habilidades de letramento visual

A forma como a documentação aparece para os outros é importante. Ela deve ser atraente o suficiente para chamar a atenção das pessoas sem ser confusa. O texto deve ser apresentado em um tamanho legível para o observador. As fotos devem ser claras e envolventes. E, acima de tudo, o fluxo visual deve ser lógico, para que o leitor possa entender para onde olhar primeiro e para onde o olhar deve seguir. Por exemplo, nas culturas ocidentais, nossos olhos se movem de cima para baixo e da esquerda para a direita enquanto lemos. Embora nem toda documentação deva ser configurada dessa forma linear, a forma *como* as pessoas provavelmente se envolverão com os recursos visuais deve ser considerada. No Capítulo 3, um *designer* gráfico explica a importância de dar aos leitores um "lugar de descanso" para os olhos, para que uma peça não seja estimulante demais visualmente.

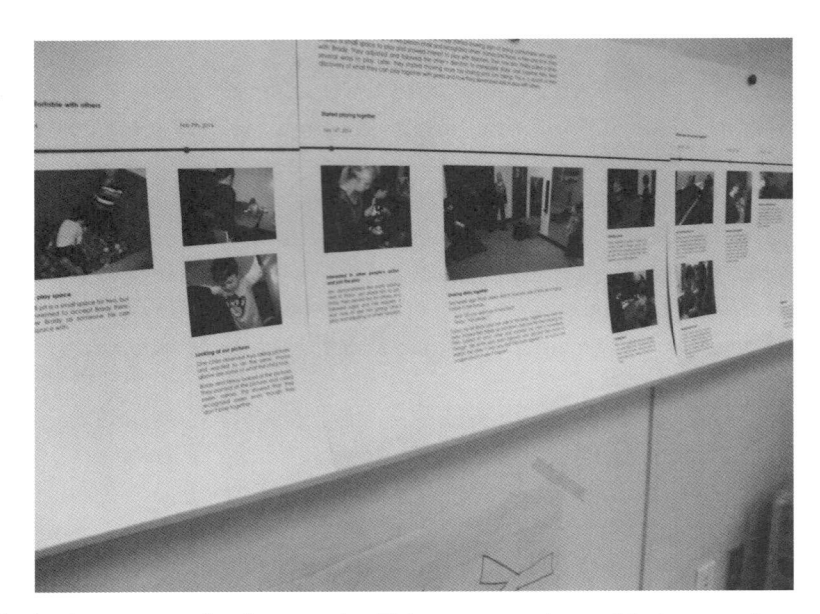

Tarefa de documentação de um estagiário com eventos cuidadosamente conectados por meio de uma linha do tempo.

Podemos aprender habilidades de letramento visual com um *designer* gráfico lendo e estudando, ou em *workshops*, por exemplo. Além disso, podemos encontrar inspiração em *sites* que apresentem documentações de alta qualidade. Quando você encontrar um *design* que gostou, pergunte a si mesmo por que ele lhe atrai. É porque o *site* é visualmente fácil de seguir? O texto é significativo, mas fácil de entender? Ele é bonito? É simples e organizado? Ele incorpora todos esses fatores? Quando estamos aprendendo sobre *design*, pode ser útil olhar para muitos exemplos de documentação enquanto refletimos sobre o que funciona e o que não funciona para nós como leitores.

Conceituando o propósito da documentação ao tornar a aprendizagem visível

A documentação pedagógica não se trata de fazer uma exposição bonita ou, ainda, usar fotografias "fofas". Essas abordagens não fazem justiça aos pensamentos, à curiosidade e à competência das crianças. Ann Lewin-Benham (2011, p. 108, tradução nossa), em seu livro *Twelve Best Practices for Early Childhood Education*, nos lembra que "o registro intencional realizado pelos documentadores possibilita refletir sobre experiências passadas, extrair significados e projetar esses significados em experiências futuras".

Compartilhando teorias visíveis com outras pessoas para interpretar e para desenhar o currículo

Com o tempo, documentadores experientes podem tornar visíveis suas teorias sobre as intenções das crianças, sobre por que e como essas intenções são significativas e sobre as ramificações desses significados. Em outras palavras, os educadores conseguem integrar seus conhecimentos sobre as crianças, as observações, as reflexões e o estudo das produções delas e usar essas informações para planejar os próximos passos. Dessa forma, a documentação se torna uma ferramenta de planejamento para um currículo rico e responsivo.

CONVITE A EXPLORAR

- Pense nas crianças com quem você está trabalhando atualmente e nas explorações lúdicas delas. Que perguntas surgem para você a partir dessas explorações? Como você pode buscar respostas para essas perguntas? Escolha uma pergunta para se concentrar e faça anotações ou tire fotografias pertinentes a ela. Esses dados podem ser reunidos em um pequeno painel de documentação.
- Peça a alguém que não esteja associado à sua turma ou sala para dar uma olhada na sua documentação. O que essa pessoa compreendeu do trabalho? Foi o que você pretendia transmitir?
- Onde você se colocaria nas progressões de documentação descritas por Wien? Qual é o próximo passo na sua jornada de documentação? Que tipos de apoio você precisa para avançar e aprofundar suas práticas de documentação?

DESIGN E FOTOGRAFIA

Um fato é que o *design* afeta todos os aspectos de nossa vida. De maneiras sutis, o *design* influencia decisões do nosso dia a dia, como que tipo de papel vamos comprar para embrulhar um presente especial, as escolhas que fazemos ao organizarmos nossa casa, os tipos de imagens ou desenhos que estamos dispostos a usar em nossas roupas e muito mais. O *design* está em toda parte e pode nos atrair ou nos repelir.

É claro que um dos objetivos da documentação pedagógica é atrair pessoas para explorar o trabalho documentado com maior profundidade. Queremos que as famílias e outros adultos entendam o aprendizado que estamos tentando tornar visível. Queremos que eles leiam o texto sem se distrair, encontrem facilmente a progressão do trabalho pelo *layout* e usem as fotografias ou elementos dos traçados das crianças como base para a compreensão do evento documentado. As próprias crianças também devem ser capazes de acompanhar a lógica do trabalho por meio dos recursos visuais e ver com clareza o que elas experienciaram e investigaram durante o projeto ou situação.

Para atrair o público, precisamos entender algumas noções básicas de *design*. Isso vale para educadores da primeira infância, professores e administradores. Não sou uma *designer* gráfica, portanto, para fornecer essas informações, entrei em contato com Annette Comeau, professora da educação infantil e diretora de escola em Halifax, Nova Escócia. Annette é formada em educação artística e *design* gráfico e se inspira nas práticas de Reggio Emilia. Ela visitou as escolas infantis italianas em 2007, e a seguir está o que ela tem a dizer sobre a documentação que viu lá.

> **ANNETTE COMEAU SOBRE A DOCUMENTAÇÃO ITALIANA**
>
> Quando olhei para os painéis de documentação expostos nos centros educacionais de Reggio, na Itália, descobri que era importante lembrar que o trabalho havia passado por muitas mãos. Primeiro, os professores e pedagogistas se reuniam para interpretar e compreender o trabalho das crianças. (O termo *pedagogista*, segundo Lewin-Benham, 2011, p. 200, refere-se a "um consultor... que trabalha com várias escolas e participa de diálogos sobre assuntos que variam de projetos até *design*, questões familiares, formação de professores, orçamento, crianças com necessidades educacionais especiais e muito mais"). Então, por meio de discussão e análise, eles destilavam o trabalho até sua essência, que era montada em painéis.
>
> É claro que esse tipo de colaboração não ocorre com frequência na América do Norte. Então voltei meu foco para as pequenas exposições penduradas na parede na altura das crianças nas salas. Elas tinham sido obviamente criadas pelos professores, e achei que eram algumas das documentações mais interessantes que já vi.
>
> Eram fotos cuidadosamente emolduradas, esculturas em caixas transparentes recicladas e livros escolares encadernados de maneiras interessantes. Os professores de Reggio não escreveram os nomes das crianças diretamente nos trabalhos, eles fizeram etiquetas impressas. Os itens foram emoldurados e pendurados atenciosamente com informações sobre os trabalhos ao lado deles. Notei que havia pastas com pinturas das crianças e pastas maiores para produções artísticas maiores. Ficou evidente que os professores tiveram muito cuidado em acompanhar os processos das crianças e criar um arquivo de suas aprendizagens. Cada centro educacional foi equipado com computadores, impressoras e câmeras para auxiliar nesse processo de arquivamento. No entanto, ficou claro que os professores não estavam apenas criando memórias para as crianças, mas também mostrando o trabalho delas para elas mesmas, para que pudessem fazer uma análise mais aprofundada e mais descobertas.
>
> Achei tudo muito animador. Senti que esses eram os tipos de coisas que meus colegas e eu poderíamos realizar em nossas próprias salas se tivéssemos o cuidado de tratar os trabalhos das crianças com respeito e apresentá-los de maneira artística e atenciosa.

APLICAÇÃO DESSAS IDEIAS NA AMÉRICA DO NORTE

O maravilhoso suporte visual visto por Annette em Reggio Emilia é incomum na América do Norte. E não podemos simplesmente transplantar filosofias e abordagens de outras culturas para as nossas. Elas podem nos inspirar, mas devemos adaptá-las para que se encaixem ou complementem nossas próprias filosofias e culturas.

Podemos começar a fazer isso de forma simples, mas com objetivos em mente. Annette e eu refletimos sobre quais seriam os objetivos iniciais em termos de *design* e montagem de documentação. A seguir, nas palavras de Annette, estão algumas ideias a serem consideradas.

ANNETTE COMEAU SOBRE O *DESIGN* E A MONTAGEM DE DOCUMENTAÇÃO EM PAPEL

Para começar a experimentar o *design* de documentação, podemos tentar documentar um momento pequeno e interessante envolvendo uma ou duas crianças. Por exemplo, podemos começar tirando quatro ou cinco fotografias. Em seguida, podemos refletir sobre elas, tentar descrever o processo por escrito, além de dar a esse pequeno momento uma forma visual. A documentação de um grande projeto pode envolver muita edição e reflexão antes mesmo de chegar à apresentação visual. Isso pode ser cansativo, mas, ao mantermos pequena nossa primeira documentação, podemos nos concentrar principalmente na apresentação, na logística e na criação de um painel. Podemos nos sentir mais confortáveis trabalhando com menos materiais. Depois de conseguirmos fazer algo pequeno com sucesso, ganhamos a confiança para passar para um projeto maior.

Design de textos

Mantenha o *design* dos seus textos simples, especialmente quando estiver trabalhando com diferentes fontes de letras no seu documento. As pessoas devem notar as fotografias e o trabalho das crianças primeiro, em vez de uma fonte chamativa (em negrito, sublinhada, em itálico, delineada ou que chame a atenção de alguma forma). Usar esses efeitos pode ser tentador, mas brincar demais com esse aspecto da documentação interfere na mensagem, distrai e cansa visualmente. Eu uso uma fonte chamada Futura, que geralmente está disponível em computadores como Century Gothic. É uma fonte visualmente simples e sem serifa. Além disso, essa fonte contém o "*a* primário", que é aquele primeiro *a* minúsculo que as crianças aprendem a escrever. Sinto que isso é importante quando estamos compartilhando a documentação com crianças.

Também uso *sites* específicos para títulos e cabeçalhos. Faço isso para manter a consistência visual quando estou criando vários painéis de documentação que devem ser visualizados juntos ou quando estou criando as páginas de um portfólio. Faço os pontos principais em uma fonte um pouco maior, para os espectadores que só têm tempo suficiente para dar uma olhada rápida. Coloco os detalhes em uma fonte menor, para quem realmente quer ler mais.

Fotografias

Escolha tamanhos específicos e consistentes de fotografias. Por exemplo, as pequenas podem sempre ter cinco centímetros de largura, as maiores sempre dez centímetros, e assim por diante. Mais uma vez, isso cria consistência visual entre diferentes painéis de documentação. O tamanho das fotografias também é uma maneira de indicarmos ao público como gostaríamos que ele considerasse as informações que estamos apresentando. As pessoas geralmente veem imagens maiores primeiro. Portanto, podemos usar o tamanho para ajudar a organizar nossas informações. Pode ser útil ter uma imagem-chave que chame a atenção da pessoa. Às vezes, uma fotografia grande apresentada da maneira certa pode definir o tom de todo o projeto. Por exemplo, minha colega de trabalho Jennifer tirou uma foto maravilhosa, detalhada e em *close* de um caracol, que ampliamos e colocamos na parede. Ela definiu o tom de todo o nosso projeto e os painéis de documentação que descreviam o projeto. Pergunte-se: "Qual é o momento-chave ou momentos que realmente contam o que aconteceu? Como posso mostrá-los?". Quando as pessoas veem uma fotografia maravilhosa, elas tendem a dizer: "Uau, isso é muito legal! O que será que está acontecendo aqui?" e então elas analisam a documentação com mais atenção. Toda documentação deve permitir que o espectador a experimente em diferentes níveis — desde uma leitura rápida dos títulos e imagens grandes até uma consideração cuidadosa das descrições mais detalhadas apresentadas em imagens e textos menores. Esse tipo de organização é chamado de *hierarquia de informações*.

Espaços em branco

Espaços em branco dão aos olhos um lugar para descansar. É por isso que as pinturas não ficam todas penduradas juntas nas paredes de uma galeria de arte. Na documentação, deixe margens entre o texto e a borda da página e espaço entre fotos e texto. Lembre-se de que a documentação não é um álbum de recortes. Não é necessário decorá-la. Na verdade, isso pode tirar o foco do trabalho das crianças. Deixe o trabalho delas brilhar. Você pode usar seu *software* de escrita para justificar o texto em blocos e criar um efeito de "limpeza" com margens retas à esquerda e à direita deles.

Projetos grandes

Como devemos lidar com projetos grandes que se estendem por vários meses? Temos que começar olhando para tudo — todas as anotações que fizemos, fotos que tiramos e trabalhos das crianças que guardamos. Lembre-se de que não tem como incluir tudo na documentação, porque ela pode ficar muito complicada e assustadora, e poucas pessoas terão tempo de lê-la. Então, temos que tomar algumas decisões. O que queremos que as pessoas saibam sobre o projeto? Uma maneira de começar é deixar de lado todas as anotações e fotos e apenas contar a alguém — talvez um colega — a história do que aconteceu: "Primeiro fizemos isso, respondemos com aquilo e depois as crianças fizeram isso". Ao simplesmente contar a história, estamos fazendo um roteiro para nós mesmos e criando tópicos simples de serem seguidos. Podemos expandir essas ideias mais tarde, quando tivermos uma compreensão clara de todo o projeto. Pense nos tópicos que você utilizou ao contar sua história. Você pode expandir as informações de cada um deles. O que deve acompanhar essas imagens e ideias? Quando estivermos prontos para criar um painel de documentação, já teremos destilado o projeto até sua essência.

Os conselhos de *design* de Annette podem parecer uma quantidade assustadora de informações a considerar, especialmente se você não tem experiência em fazer documentações. Mas aprender a criar documentações é como qualquer outra atividade nova — fica mais fácil com a prática. Quando nossas ferramentas estão organizadas e acessíveis, e quando praticamos com pequenos projetos, a documentação se torna uma experiência agradável e envolvente; um processo criativo e ponderado que valida o trabalho das crianças e dos adultos.

DICAS DE PLANEJAMENTO

- Pense nos dados (anotações, fotos e amostras de trabalho) que você tem em mãos. Qual formato melhor se adequaria a essas informações? Orientação horizontal (paisagem) ou vertical (retrato)? Você deve colocar texto ao lado das fotografias ou abaixo delas? No início, organize seu trabalho sem usar cola, para que você possa considerar o efeito causado por ele, ou use um aplicativo para brincar com ideias de *design*. Você está obtendo o efeito pretendido?

- Ao preparar o texto, pense no tamanho da fonte. Para decidir isso, você precisa saber onde usará a documentação. O quão perto as pessoas vão chegar do trabalho? Se as pessoas ficarem paradas (vendo uma tela montada na parede, por exemplo), o texto precisará ser bastante grande e simples (com no mínimo 16 a 18 pontos de tamanho e cerca de 36 para cabeçalhos). Uma fonte menor pode ser aceitável para trabalhos vistos de perto, como em um diário ou portfólio, ou se os trabalhos forem enviados digitalmente.

- Em que tipo de superfície você vai montar o trabalho? Placas de isopor? Cartolinas? Ou você vai colocar os trabalhos e as fotos em uma linha com clipes ou corda com prendedores de roupa? Quando você estiver montando o trabalho, pense no tipo de adesivo mais apropriado. A cola líquida tende a vazar pelo lado do papel, e o excesso dela pode causar vincos na colagem. O *spray* adesivo é muito eficaz e permite o reposicionamento do que foi colado. Ele precisa ser usado em um espaço bem ventilado. A fita dupla face pode ser útil, mas, se necessária em grandes quantidades, torna-se cara. A cola Multi Tack, que parece um chiclete, auxilia na colagem de materiais visuais na parede e fixa melhor que fita adesiva sem destruir a pintura.

Aplicativos de *design* e documentação digital

O mundo dos aplicativos de documentação digital está crescendo rapidamente. Embora eu discuta isso no Capítulo 9, tenha em mente que todas as considerações sobre *design* mencionadas anteriormente se aplicam à documentação digital. Os próprios aplicativos ajudarão você a posicionar textos e fotografias, mas você ainda precisará evitar uma aparência confusa, pensar no tamanho da fonte e considerar como o leitor visualizará o material. Em outras palavras, o suporte é diferente, mas as diretrizes são as mesmas.

ALGUMAS REFLEXÕES IMPORTANTES SOBRE FOTOGRAFIA

Antes de tirarmos fotos de crianças para usar na documentação, devemos pensar em qual é nosso objetivo com isso. Todos nós temos objetivos ligeiramente diferentes. No entanto, também temos um objetivo geral em comum: queremos que as pessoas entendam o pensamento, as aprendizagens e as ideias por trás das ações das crianças. As fotografias que tiramos devem apoiar esse objetivo.

Às vezes, tiramos uma foto especial que captura um momento de descoberta maravilhoso nas explorações de uma criança. Aquela fotografia que diz quase tudo. E ela precisa apenas de um pequeno texto para completar a compreensão do público. Em outros casos, precisamos de uma série de fotos para mostrar como uma investigação se desenrolou. E, às vezes, três ou quatro imagens são o suficiente para ilustrar claramente uma grande investigação.

A reflexão é uma parte fundamental do processo de documentação. Quando examinamos cuidadosamente nossas imagens e as discutimos com os membros da equipe *antes* de colocá-las em um painel de documentação, somos forçados não apenas a articular o que aconteceu e como, mas também a pensar sobre quais fotografias melhor explicam os processos das crianças. Quais imagens conseguem levar a história adiante de maneira compreensível? Que perguntas surgem para os professores ao ver essas fotografias e que tipo de questionamento nos levará às respostas a essas perguntas?

Lisa Agogliati, professora diretora da educação infantil no National Child Research Center (NCRC), em Washington, DC, reflete sobre o poder da fotografia como uma forma crua de documentação — isto é, uma ferramenta de pensamento:

Documentação pedagógica **45**

> Eu costumava me preocupar em não lembrar o que tinha acontecido em um determinado dia, mas gradualmente comecei a usar a câmera com regularidade como um *check-in* diário de onde as crianças brincavam e com quem, algo que eu poderia consultar conforme necessário. Minhas anotações pessoais evoluíram, então, para registrar momentos-chave de uma observação, como citações ou conexões feitas na hora, em relação a uma ideia maior ligada a possíveis direções para nosso currículo emergente. Além disso, analiso fotos no final de cada dia como uma maneira de identificar outros momentos significativos para mim ao aprender mais sobre as crianças. Há alguns anos, participei de uma conferência organizada pela Boulder Journey School (BJS) e adotei uma frase de Alex Morgan, especialista em alcance comunitário da BJS, de olhar para o currículo emergente como "o conceito por trás do conteúdo" em minhas observações das crianças. Quando estou revisando fotos ou compartilhando observações com minha equipe em nossas reuniões semanais de planejamento, tento usar essa abordagem como uma estratégia para desconstruir o significado de ideias proeminentes nas brincadeiras infantis.

Qualidade das fotos

O uso de dispositivos e aplicativos digitais para editar as fotos que tiramos torna mais fácil produzir imagens nítidas e de perto para capturar os acontecimentos em uma sala movimentada. As câmeras dos *smartphones* estão se tornando cada vez mais sofisticadas e muitas vezes podem compensar desafios como pouca luz ou acontecimentos rápidos. Um *tablet* pode não tirar fotos tão nítidas quanto as de uma câmera digital, mas pode gravar belos vídeos. E se tivermos câmeras reflex monobjetiva digitais (DSLR) à mão, podemos produzir fotos de qualidade quase profissional.

A qualidade das fotos é muito importante. Por quê? É importante lembrar que não estamos fotografando eventos ou poses "fofas". Estamos tentando capturar o aprendizado em ação; a beleza das obras de arte de uma criança; o pensamento, a experimentação e as ideias por trás das perguntas das crianças; ou um momento de descoberta que aparece — apenas por um segundo — no rosto de uma criança. Aqui estão alguns exemplos: ao tirar essas fotografias, o fotógrafo tentou se concentrar na ação dentro do evento e nas expressões faciais que transmitiam os sentimentos ou pensamentos das crianças.

Um momento de descoberta: S. encontra uma das letras de seu nome. As crianças estavam usando letras magnéticas em um quadro de metal. S. teve um momento de prazer — claramente mostrado nesta fotografia — quando reconheceu um *a* como parte de seu nome. Como a maioria das crianças nesse momento estava focada nas primeiras letras de seus nomes, este foi um evento significativo para ela. Ela percebeu que as palavras são feitas de várias letras, todas elas importantes.

Mãos à obra: usar cordas e fios para juntar objetos foi um novo desafio para a maioria das crianças, mas um que elas estavam muito interessadas em enfrentar. A concentração e o cuidado de G. ficam evidentes nesta fotografia. O desafio foi tão envolvente que, em vez de frustrar G., deixou-o determinado.

Close de mãos em ação são importantes de serem incluídos quando projetos ou investigações incluem ações sobre ou com materiais.

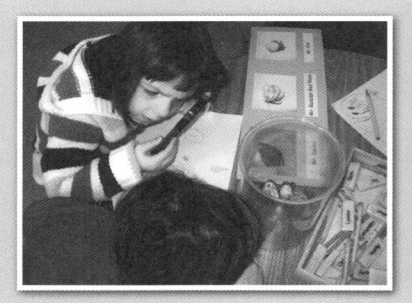

Investigação em ação: dar lupas às crianças as incentiva a olhar mais de perto tudo no ambiente. Essa observação de perto é um aspecto importante para descobrir como as coisas funcionam. Tudo, desde a natureza até as pequenas diferenças em palavras impressas, é importante para as crianças, pois elas aprendem a observar e a ver com mais atenção.

Esta foto demonstra como as crianças utilizaram uma nova ferramenta. Ela apareceu em nosso diário coletivo e fez com que os professores se perguntassem sobre como as crianças enxergam os detalhes do mundo ao redor delas.

Documentação pedagógica **47**

Arquivando as artes das crianças: na área de ateliê da sala, trabalhamos na construção de obras de arte durante vários dias. Por exemplo, fizemos fundos de aquarela da savana e juntos pensamos sobre o que mais as crianças poderiam querer adicionar por cima de seus fundos, em vez de considerar suas pinturas acabadas. Algumas crianças adicionaram animais, enquanto outras escolheram árvores que pareciam estar inclinadas ao vento. Diminuir a velocidade durante a produção das obras de arte resultou em pinturas mais intencionais da maioria das crianças. Esse processo pode ser mostrado com uma série de fotografias.

Algumas dicas práticas

De acordo com fotógrafos profissionais, devemos prestar atenção em três coisas ao tirar fotos de crianças:

1. Iluminação: embora um bom *flash* possa compensar uma sala mal iluminada, não há nada tão bonito quanto a luz natural, especialmente se ela estiver iluminando o objeto de um ângulo especial. Ao ar livre, é claro, é mais fácil conseguir luz natural. No entanto, ao ar livre devemos ter cuidado para que as crianças não fiquem posicionadas com a luz do sol atrás delas. Essa luz de fundo deixa as crianças na sombra, obscurecendo os detalhes.

2. Composição: embora certamente não queiramos fotos fabricadas quando estamos documentando, devemos tentar eliminar distrações do fundo da foto. Felizmente, a maioria de nós tem algum tipo de ferramenta de edição em nossos computadores para que possamos fazer um recorte do conteúdo que importa. Com uma ferramenta de recorte, muitas vezes, podemos eliminar uma prateleira bagunçada do lado de uma criança, ou um colega fazendo brincadeiras para a câmera e tirando o foco da criança ou situação que realmente importa para a documentação.

3. Distância: aproxime-se! (No entanto, tenha em mente os pontos sobre observação à distância feitos no Capítulo 1.) Os adultos tendem a cometer um erro comum ao fotografar crianças: ficar muito longe. Talvez não queiramos nos intrometer nas brincadeiras delas, ou talvez as crianças tenham uma tendência de parar o que estão fazendo e posar para a foto se nos notarem. Nesses casos, devemos usar uma lente teleobjetiva ou a função de *zoom* do *smartphone*.

Uma fotografia de uma criança em ação é muito mais eficaz quando tirada de perto. Fique no mesmo nível das crianças; fotografias do topo das cabeças delas são inúteis. O que queremos enfatizar são as mãos e o trabalho delas. Esta fotografia, por exemplo, está perto o suficiente para mostrar que a criança está aprendendo a costurar e capta a aparência de concentração no rosto dela, mas foi tirada à distância para evitar perturbá-la.

UMA PALAVRA FINAL: A IMPORTÂNCIA DE COLOCAR TÍTULOS NA DOCUMENTAÇÃO

Títulos são importantes. Eles dão uma pista sobre o que o leitor está prestes a experimentar. E se os títulos são pelo menos um pouco criativos, eles podem ser agradáveis, intrigantes, instigantes e convidativos. O tom do título guia o leitor pelo trabalho. Por exemplo, em vez de "Explorando a areia", use algo como "O fascínio pela areia: explorando materiais secos e molhados". Ou, em vez de "Nossos parceiros na comunidade", use "Trabalhando em comunidade: colaboração em ação".

Muitas vezes, uma frase de uma das crianças pode dar um ótimo título. Só temos que escutar e considerar: qual é o cerne do trabalho? Como ele pode ser melhor descrito? Como podemos dar destaque ao trabalho das crianças?

CONVITE A EXPLORAR

- Das fotografias deste capítulo, qual delas transmite uma mensagem mais clara para você? O que ela diz? Como ela transmite essa mensagem?
- Com uma câmera digital, tire cinco fotos de diferentes perspectivas de uma mesma brincadeira. (Se você é um estagiário em um ambiente de aprendizagem de adultos, fotografe outros estudantes em situações que podem ser discutidas — situações interessantes que são abertas e, portanto, podem ser interpretadas de várias maneiras.) Depois disso, reflita sobre as fotografias. Se você tivesse que escolher uma foto para fins de documentação, qual seria e por quê?
- Usando as fotos, faça um painel de documentação com texto. Não cole as partes da documentação, experimente movê-las sobre o painel para ver quais efeitos diferentes arranjos têm no todo.
- Pense em títulos adequados para sua documentação. Como seu título sintetiza o conteúdo no painel?

PROJETO CHOCOLATE

Quando estamos desenvolvendo qualquer habilidade, pode ser útil refletir sobre os processos pelos quais outras pessoas passaram antes de nós. Observar diferentes tipos de documentação em contextos variados pode nos ajudar a encontrar exemplos que nos inspirem ou com os quais consigamos nos relacionar. Nos próximos capítulos, veremos que existem muitas abordagens possíveis para a documentação pedagógica. O modo como escolhemos documentar o pensamento, as brincadeiras e o aprendizado das crianças depende de nossas próprias experiências, do nosso nível de conforto com a prática da documentação, do trabalho que desejamos documentar e das questões que surgem a partir dele, das próprias crianças e do tempo e do apoio que temos disponíveis.

Neste capítulo, examinaremos um projeto que durou várias semanas em uma sala da educação infantil (com crianças de 4 e 5 anos) da Halifax Grammar School, onde fui coordenadora e professora. Ao examinar e refletir sobre esse projeto de longo prazo, veremos quais itens os professores escolheram para grandes painéis de documentação, como eles os apresentaram e o que escreveram para explicar o trabalho. Também veremos quais itens do projeto os professores escolheram para os portfólios individuais, por que eles os usaram dessas maneiras e como tomaram essas decisões.

DE POÇÕES A CHOCOLATE

Vamos começar esta jornada com uma pequena contextualização. As 17 crianças e três colaboradores em nossa sala às vezes eram acompanhados por estagiários em seu primeiro ou segundo ano de estudo na Nova Scotia College of Early Childhood Education. Sempre tivemos prazer em receber esses estudantes. Eles adicionavam entusiasmo e novas ideias aos nossos pensamentos. Além disso, eles nos ajudavam de outra forma importante: ao trabalhar no currículo emergente com professores em formação, temos a responsabilidade de articular nosso pensamento em voz alta, o que é uma ótima maneira de aprofundar nosso próprio desenvolvimento. Quando trabalhamos com estagiários, temos momentos profundos de reflexão. Sabemos que não podemos presumir nada sobre o que os estudantes veem e entendem. Sabemos que devemos tornar todo o nosso conhecimento e nossos pensamentos explícitos para que eles possam aprender. A documentação nos ajuda no processo de tornar o pensamento dos professores — e das crianças — visível para os outros.

O Projeto Chocolate não começou com chocolate, mas com "poções". Por duas ou três semanas, observamos o fascínio das crianças em misturar qualquer coisa que estivesse disponível, como terra e água, amido de milho ou cores (com pipetas). Elas inventaram diferentes tipos de misturas e fizeram massinhas de modelar. Algumas misturas deram errado, outras criaram maravilhosos redemoinhos de cores e outras se separaram em camadas. As crianças chamaram suas misturas de *poções*, e os experimentos continuaram por semanas. Se era misturável, elas o faziam.

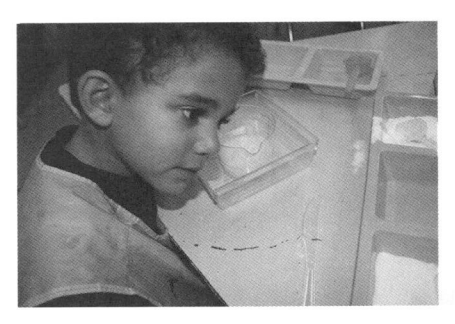

Durante esse tempo, nossa estagiária, Blair, também estava observando as crianças. Um dia, ela trouxe várias especiarias e pós, como cacau e mostarda, para as crianças misturarem em pequenas quantidades. Blair se perguntou se adicionar perfume às poções das crianças faria diferença nesses experimentos. Elas estariam interessadas no *produto* do que estavam fazendo? Ou o interesse era somente no processo de mistura?

Documentação pedagógica   53

> Ao considerar o uso de alimentos/especiarias, devemos ser sensíveis ao tema da insegurança alimentar. Algumas crianças passam fome a maior parte do tempo. É preciso considerar se é apropriado usar alimentos para os experimentos quando esse for o caso. Outras crianças vêm de culturas em que certos alimentos têm um significado ou valor especial, então devemos estar cientes disso, bem como de quaisquer sensibilidades ou alergias alimentares. Considere também seus próprios valores em relação aos alimentos no sentido geral, como sustentabilidade, agricultura orgânica, equidade, mudanças climáticas, etc. Pensar profundamente sobre seu próprio contexto e grupo de crianças ajudará a orientar suas decisões e valores em torno do uso de alimentos.
>
> Aqui estão algumas sugestões não alimentares para poções:
>
> - Terra e materiais encontrados na natureza. Se separarmos por algum tempo algumas folhas, galhos e pedras, o que acontece com eles?
> - Água com sabão e pedrinhas. O que acontece com as bolhas?
> - Poças e lama: as possibilidades são infinitas.
> - Pétalas e água geram mudanças de cor ou cheiro?
> - Areia com água colorida e/ou óleos perfumados. O que acontece com o cheiro ao longo do tempo?
>
> Embora eu tenha apresentado alguns pontos a serem observados, são as crianças que vão ter observações e perguntas interessantes!

Blair e eu fotografamos e escrevemos constantemente conforme a investigação se desenrolava. A seguir, trazemos algumas fotos do que aconteceu com as respectivas explicações. Mais tarde, você verá quais fotos escolhemos usar para fins de documentação e como reunimos todas elas em uma série de painéis, com uma justificativa sobre o porquê e como tomamos as decisões que tomamos.

Nas fotografias, estão presentes os materiais que Blair convidou as crianças a experimentarem durante a brincadeira. Depois de adivinhar o que tinha em cada xícara, as crianças escolheram o que usar e fizeram várias misturas. Tiramos dezenas de fotografias como essas, acompanhadas de anotações sobre as conversas das crianças enquanto produziam suas próprias poções.

As crianças misturaram o cacau nas poções várias vezes. Elas sempre comentavam sobre o cheiro dele. Em um desses momentos, Blair casualmente fez a observação de que o cacau vinha das árvores. As crianças reagiram com descrença, dizendo: "Não, ele vem do supermercado!". Nós, professores, nos perguntamos: "O que podemos oferecer como exploração ou convite para expandir o conhecimento das crianças sobre a origem do cacau e do chocolate?". Não queríamos fornecer respostas, mas capacitar as crianças a construírem seus próprios conhecimentos.

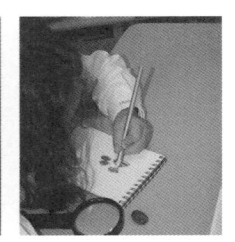

Nós não conseguimos ter uma experiência prática com frutos de cacau, uma vez que o lugar mais próximo de nós onde eles crescem é no México, e não conseguimos encontrar um importador que tivesse o fruto inteiro. No entanto, encontramos um vídeo narrado por crianças dentro de uma floresta tropical na Costa Rica que explicava a produção de cacau e do chocolate, com uma criança pequena demonstrando todo o processo. Além disso, após uma longa pesquisa, encontramos alguns grãos em uma instalação de torrefação de café e chocolate próxima e alguns grãos triturados de cacau na seção orgânica de uma mercearia. As crianças desenharam esses itens, os cheiraram e brincaram com eles na área de brincadeira. Refletindo e ouvindo as conversas delas durante as brincadeiras, percebemos que ainda não associavam esses itens ao chocolate, embora tivéssemos fornecido muitos livros para suas pesquisas e nos envolvido em muitas discussões. Elas precisavam de mais experiências para fazer a conexão.

Como as crianças sabiam pelo vídeo que os grãos de cacau devem ser esmagados antes de serem usados, oferecemos pilões para que elas pudessem fazer isso na área de brincadeira. Elas passaram dias trabalhando nisso. Era um trabalho difícil, mas elas estavam motivadas, pois queriam usar o pó de cacau em seus experimentos. Ouvimos comentários como "Isso é difícil!" e "Meu braço está doendo!", mas ninguém quis desistir. Para os professores, isso é uma prova do trabalho duro que as crianças estão dispostas a fazer quando estão envolvidas e intrigadas com um processo.

Durante esse tempo, revisamos constantemente o que havia acontecido por meio de fotografias que compartilhamos com as crianças. Em uma reunião matinal, as crianças colocaram as fotos de sua investigação em ordem cronológica. Como não tínhamos o fruto do cacau, usamos uma bola de futebol americano como substituta, porque ela tinha a mesma forma do fruto — uma ideia que veio das crianças.

Aos poucos, as crianças começaram a se referir à área de brincadeira como sua fábrica de chocolate. Os professores se perguntaram como as crianças poderiam fazer uma fábrica de chocolate autônoma e se estavam interessadas em tal desafio. Então as convidamos a fazer isso fornecendo uma variedade de itens, materiais em geral e uma estrutura de suporte sobre a qual elas poderiam construir. Algumas crianças aceitaram esse convite com muito entusiasmo e trabalharam nessa estrutura por vários dias.

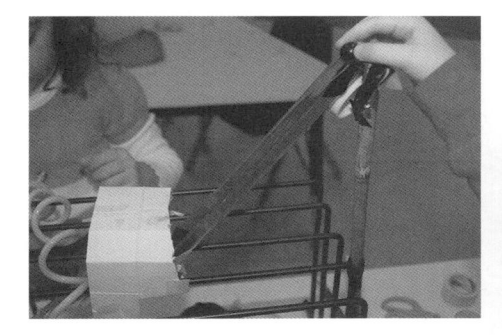

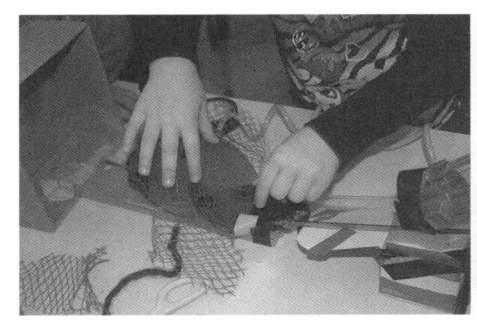

Um problema ocorreu quando as crianças tentaram enviar grãos de cacau por uma calha para a "parte de trituração", pois eles ricochetearam para fora do "recipiente de captura". Depois de algumas experiências, duas meninas trabalhando juntas descobriram que um pedaço de rede poderia impedir que os grãos saltassem para fora do recipiente. Elas levaram uma manhã inteira brincando para descobrir isso, e fizeram isso de forma completamente independente. A disponibilidade de um pedaço de rede nas prateleiras do ateliê demonstrou o valor de ter uma diversidade de itens e materiais como suporte para a experimentação, resolução de problemas e aprendizagem das crianças.

A construção da fábrica de chocolate continuou por duas semanas. À medida que as crianças desenhavam diferentes "máquinas", nós as encorajávamos a explicar como elas funcionavam e a desenhar o processo de como os grãos se tornavam chocolate ao passar por elas. Adicionamos pequenos rótulos ditados pelas crianças, como "parte do esmagamento/etapa de trituração" ou "parte do despejo". Esse trabalho demonstrou as teorias das crianças — tanto o que elas entenderam dos livros quanto o que elas entenderam do vídeo. Elas foram muito claras, com base em suas próprias experiências sobre a trituração ou esmagamento dos grãos, que a fábrica de chocolate tinha que ter a etapa de esmagamento.

As crianças compartilharam sua fábrica de chocolate concluída com a comunidade escolar, colocando-a em uma pequena mesa do lado de fora da nossa sala. Famílias, alunos mais velhos e outros professores paravam para observá-la. Um comentário frequente de crianças mais velhas era "por que *nós* não fizemos isso quando estávamos nessa série?".

DECIDINDO O QUE DOCUMENTAR

Das cerca de cem fotografias que tiramos durante esse projeto, naturalmente tivemos que fazer escolhas sobre quais usaríamos em nossa documentação. A seguir, estão algumas considerações que mantivemos em mente ao fazer essa seleção:

- Quais fotografias mostram como o projeto se desenvolveu ao longo do tempo?
- Quais foram as reflexões e as perguntas dos professores, e como elas podem ser representadas para o público por meio das fotografias e dos textos?
- Quais fotos demonstram os raciocínios, as ideias e a resolução de problemas das crianças?
- Quanto espaço temos disponível nas paredes?
- A quem se destina a documentação? Às crianças? Às famílias? Aos outros professores? A todos? Que diferença o público faz em relação às nossas escolhas de fotos?
- E a qualidade das fotografias? As fotos que estão sob consideração são nítidas o suficiente? São boas o suficiente? Elas realmente mostram o que queremos mostrar?
- Quanto espaço temos disponível para texto?
- Temos permissão das famílias para usar as fotografias que selecionamos?

O número de painéis em nossa documentação era limitado pelo espaço na parede — um desafio comum nas salas da educação infantil. Nós nos lembramos de que a fábrica de chocolate em si era uma documentação, assim como as fotos que escolhemos para os portfólios das crianças. Percebemos que poderíamos eliminar essas fotos, bem como aquelas destinadas a mostrar a construção da fábrica de chocolate, dos painéis de documentação.

Nossa sala tinha apenas alguns pequenos espaços de parede disponíveis por causa das janelas, portas, armários e prateleiras. Como esses pequenos espaços na parede já estavam em uso para outras documentações recentes, nossos novos painéis tiveram que ser colocados no corredor do lado de fora da sala em um pequeno quadro de avisos. Embora esse local oferecesse exposição a toda a comunidade escolar, limitava nossa capacidade de mostrar o panorama do trabalho realizado. Então, nos concentramos nos principais "marcos" do projeto. A seguir, trazemos as escolhas finais das fotos e das explicações que fizemos para os painéis de documentação.

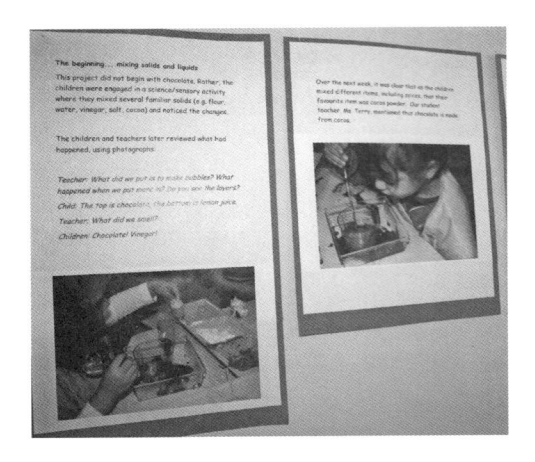

Essas fotografias foram escolhidas por mostrarem de perto os detalhes das misturas, que é onde o projeto começou. O texto explica essa fase inicial para definir um contexto de como o trabalho evoluiu. Em uma das fotografias, fica claro que as crianças acham que o cacau é o pó mais interessante. Montamos as fotografias e o texto em cartolina marrom, o que serviu como moldura para a documentação, e as penduramos em uma linha horizontal simples para facilitar a visualização pelo leitor. O texto está em fonte Comic Sans, de tamanho 16, uma das poucas fontes que usa o *a* primário. (Usamos Comic Sans com frequência, para auxiliar as crianças pequenas que estão começando a ler.)

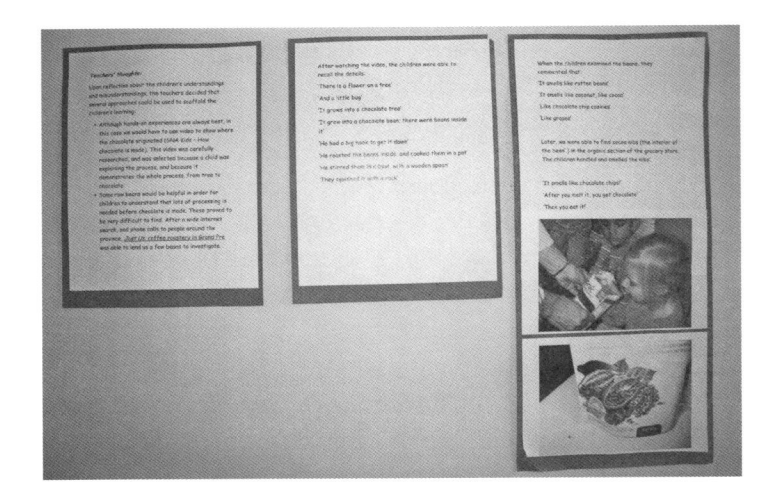

No texto da documentação, descrevemos o quebra-cabeças para estruturar o aprendizado das crianças sobre chocolate. Embora esse painel possa parecer prolixo, foi o máximo que conseguimos resumir para permitir que o leitor entendesse os desafios dos professores em termos de como dar continuidade ao projeto. O texto menciona o apoio da comunidade para os nossos próximos passos (a longa busca por grãos de cacau reais) e o vídeo apropriado para a idade das crianças. Incluímos essas informações para tornar visível o compromisso e o esforço dos professores. As atividades são intencionais, cuidadosamente pensadas e o mais centradas nas crianças quanto conseguimos fazê-las.

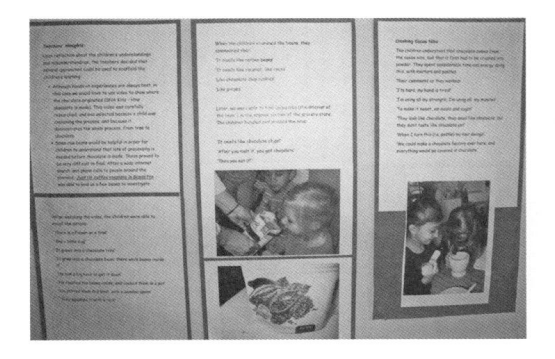

Documentação pedagógica **61**

Quando conseguimos grãos de cacau de verdade, nosso projeto avançou significativamente, então a introdução desse material pareceu algo importante de ser documentado. As crianças usaram os grãos de cacau de várias maneiras, e as fotografias escolhidas para documentação mostram um pouco da experiência delas. O texto vai ainda mais fundo e vincula as atividades e as conversas das crianças enquanto elas trabalhavam.

Todos os dias, ao longo do projeto, as crianças e os professores revisaram o trabalho do dia anterior examinando fotos, seja impressas em papel ou ampliadas em um *laptop*. Dessa forma, as crianças conseguiam relembrar o trabalho delas e expandir suas ideias. Os professores tinham a oportunidade de fazer mais perguntas para esclarecer o que as crianças estavam dizendo ou ajudá-las a explicitar e ampliar seu raciocínio. Uma fotografia nesse painel mostra a versão das crianças de como o projeto tinha evoluído até então; elas colocaram as fotos em ordem e as numeraram. (Observe que as crianças numeraram as fotos da direita para a esquerda, em vez de da esquerda para a direita.) A fotografia seguinte é importante: ela moveu o projeto de uma fase (mistura, trituração e moagem com grãos de cacau) para a próxima (construção da fábrica de chocolate). Devido à limitação de espaço disponível, esse pareceu um bom momento para fazer uma quebra. Nós exibimos o conjunto seguinte de documentações separadamente do resto, bem como dos portfólios individuais das crianças.

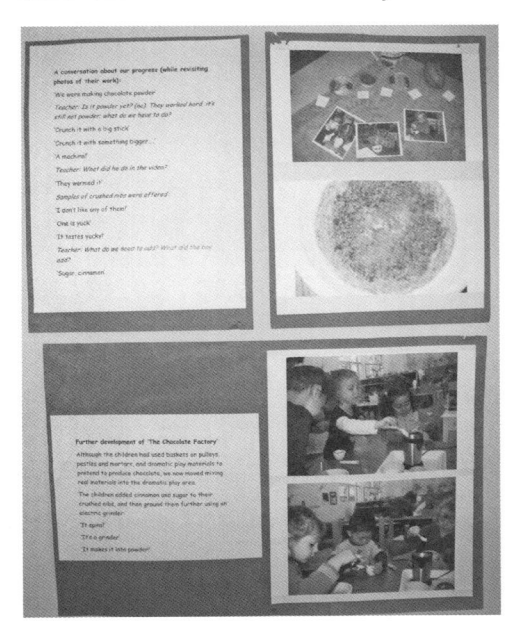

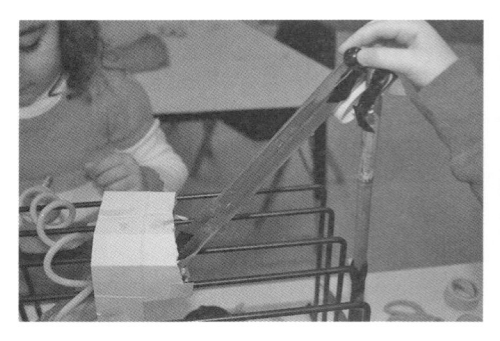

Montamos essas duas fotografias e as duas seguintes separadamente dos painéis anteriores, com uma descrição do que as crianças estavam tentando fazer (mandar os grãos para o recipiente por uma calha) e os problemas que surgiram (os grãos saltavam para fora do recipiente e caíam no chão), bem como a solução (rede), que levou tempo e esforço consideráveis para ser encontrada. Optamos por fazer uma história separada para esse episódio por causa dos múltiplos esforços de duas meninas que resolveram o problema de forma colaborativa. Também colocamos essas fotografias nos portfólios individuais das meninas, com uma descrição de suas tentativas e erros. Quando chegou a hora de nos reunirmos com as famílias no final do ano, apontamos esse episódio como um exemplo de cooperação, resolução de problemas e pensamento criativo.

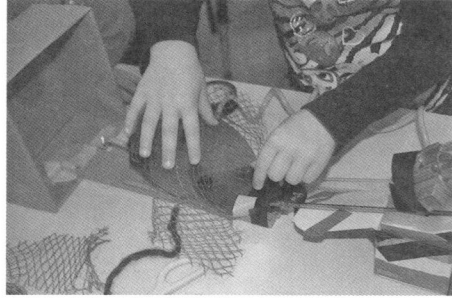

Também documentamos outro pequeno episódio separadamente. Tomamos essa decisão porque a história principal já estava completa. As crianças sabiam que eventualmente teríamos que devolver os grãos de cacau que pegamos emprestados do Just Us!, um café em Wolfville, Nova Escócia. Eles faziam parte de uma exposição na área de produção de chocolate da empresa. Frank, nosso contato lá, generosamente se ofereceu para enviar os grãos para que pudéssemos usá-los por um curto período. Mas as crianças estavam gostando de utilizá-los como um adereço para suas brincadeiras de dramatização. Como poderíamos preservar as experiências de brincadeiras de faz de conta delas quando os grãos voltassem para casa?

No início, como as crianças gostaram tanto de fazer misturas, oferecemos a elas a chance de fazer massinhas de modelar e moldá-las na forma dos grãos de cacau para serem usados durante as brincadeiras. As crianças aceitaram esse convite com entusiasmo, fotografamos e comentamos tudo por escrito.

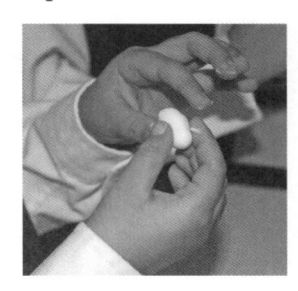

Compartilhamos esta fotografia, com uma explicação, em um diário que deixamos exposto do lado de fora da nossa sala. Esse diário mostrava documentações mais curtas para que as famílias pudessem ler rapidamente enquanto buscavam seus filhos no final do dia. Como elas geralmente estão com pressa a essa hora, o diário oferecia um ponto de partida para conversas no caminho de casa. Esse era um momento do dia das famílias e das crianças que elas gostavam muito — dar uma olhada no diário, ver uma ou duas coisas que aconteceram naquele dia, e conversar com as crianças sobre as experiências mais recentes delas. Embora essas documentações pequenas não tenham um tom tão reflexivo quanto uma documentação mais completa, elas ainda são importantes pelos seguintes motivos:

- Havia novas entradas no diário todos os dias, o que oferecia um fluxo contínuo de informações às famílias, ajudando-as a acompanhar os eventos do dia a dia das crianças.
- Permitem uma comunicação constante entre professores, crianças e famílias. As crianças explicam com entusiasmo as fotos para suas famílias.
- As crianças mais velhas, incluindo ex-alunos da nossa sala, adoram olhar para o livro enquanto passam, o que nos mantém em contato com o resto da escola.
- Pequenos momentos ou explorações são fáceis de serem representados nesse formato.

Depois que as crianças desenharam e modelaram os grãos de cacau, eles foram embalados e ficaram prontos para serem enviados de volta para o café. Mas não sabíamos o endereço. O que deveríamos fazer? Essas crianças de 4 anos apresentaram uma solução simples: "Basta pesquisar no Google!". E assim nós fizemos. Elas me ajudaram a procurar o café na internet e ditaram uma carta de agradecimento a Frank; então enviamos o pacote pelo correio.

Além de fazer parte da história geral, sentimos que esse trabalho demonstrou as ideias das crianças sobre como se comunicar por escrito, onde obter informações e como usar o correio tradicional. Também discutimos a importância de agradecer aos parceiros da comunidade pela contribuição deles para nossa investigação. Essa vinheta foi de grande interesse para as famílias, já que as crianças falavam sobre nosso contato com Frank em casa, embora nunca o tivessem conhecido.

Nosso projeto de fábrica de chocolate mostra como os professores podem documentar e compartilhar uma investigação de longo prazo de várias maneiras. E quanto a investigações mais curtas ou momentos pequenos, mas especiais? Eles ocorrem constantemente em ambientes ricos de ensino. No próximo capítulo, veremos várias dessas investigações e momentos e como os professores os documentaram.

CONVITE A EXPLORAR

- Depois de ler o relato das duas meninas que resolveram o problema dos grãos que escapavam do recipiente, imagine que você tem que fazer uma documentação sobre esse evento. Qual seria o título dela? Como seu título sintetiza o desafio e atrai as pessoas para ler mais sobre a documentação?
- A seguir, estão duas fotografias desse projeto, ambas mostrando a moagem de grãos de cacau com pilões. Se você tivesse que escolher uma delas para demonstrar o esforço envolvido na moagem, qual seria e por quê?

DOCUMENTANDO ACONTECIMENTOS EXTRAORDINÁRIOS E BREVES EXPLORAÇÕES

Se você já trabalhou com a educação de bebês e crianças pequenas por qualquer período, você sabe que pequenos e interessantes momentos acontecem todos os dias. Mas como são esses acontecimentos? A seguir, estão alguns exemplos das minhas próprias experiências:

- Depois de ouvir o relato de que um pássaro distraído havia batido na vidraça de uma janela, uma criança em idade pré-escolar se retira silenciosamente para a área dos blocos de encaixar para construir edifícios altos com janelas.
- Duas crianças ficam muito felizes em encontrar uma relação entre seus nomes escritos, aprofundando sua amizade.

Além de momentos extraordinários, professores da educação infantil também assistem regularmente a investigações e breves experiências das crianças. Veja alguns exemplos:

- Durante uma semana, dois meninos inventaram um jogo em torno da difícil tarefa de fazer uma bola pousar e ficar em um estreito espaço em cima de uma parede.
- Uma tempestade durante a noite anterior gera uma longa conversa entre as crianças e elas começam a representar suas experiências.
- Uma criança encontra um problema quando sua pintura não cabe apenas no papel colocado no cavalete.
- A "visita" de uma coruja empalhada à sala cria uma onda de interesse na turma por aves, e uma breve investigação surge a partir disso.

Quando a investigação ou experiência é curta, os professores podem documentá-la de maneira simples e breve. Seja montada em uma parte de uma cartolina ou em um papel pardo, seja usando um modelo de um aplicativo digital, a documentação para acontecimentos especiais e explorações curtas pode ser produzida de forma rápida e simples. No entanto, essa documentação ainda deve abordar o significado por trás dos momentos com fotografias e textos cuidadosamente considerados. Além disso, momentos simples ainda podem gerar questões complexas para os professores. A seguir, falaremos um pouco mais sobre as documentações dos acontecimentos extraordinários e breves explorações mencionados na introdução deste capítulo. Cada exemplo apresenta a documentação primeiro, seguida por um texto explicando como ela surgiu e/ou como foi eventualmente usada.

POBRE PÁSSARO

> Na reunião matinal com as crianças, lemos uma história sobre um pássaro que bateu em uma janela alta e caiu no chão, atordoado. As crianças ficaram muito preocupadas com essa ideia, e discutimos bastante sobre como e por que os pássaros às vezes fazem isso. Mais tarde, durante o período de brincadeira, notamos uma criança fazendo uma construção com blocos de encaixar e, em seguida, adicionando peças de janela ao seu prédio. Uma professora silenciosamente colocou o livro ao lado da criança. A menina olhou para as ilustrações de vez em quando, recontando a história em voz alta com suas próprias palavras. No dia seguinte, outras crianças se juntaram a essa atividade de construção. Elas pareciam estar confusas sobre a história mencionar vidros ou espelhos, então fornecemos espelhos para a brincadeira, o que ajudou a esclarecer a diferença entre eles. Nós nos perguntamos se essa investigação da construção foi uma expressão de simpatia pelo pássaro e como poderíamos prosseguir com essa questão.

Devido ao interesse geral das crianças pelos pássaros, e em particular pelo pássaro caído, mostramos de novo essa documentação para elas em nossa reunião matinal para uma discussão mais aprofundada. A discussão pareceu ajudá-las a refletirem sobre o que havia acontecido com o pássaro na história e por que isso aconteceu. O pássaro sobreviveu, e elas pareciam aliviadas com isso. "Vai ficar tudo bem. Ele só desmaiou por um tempo", disseram. Além disso, esclarecemos que, às vezes, uma janela transparente pode refletir como um espelho. Começamos a pensar em maneiras de as crianças experimentarem esse conceito na mesa de ciências e na nossa mesa de luz. Dessa forma, a exploração sobre pássaros e prédios gerou uma breve investigação sobre luz e reflexo.

UM MOMENTO DE AMIZADE

Um momento amigável ocorreu na área de escrita, enquanto as crianças faziam experimentos com letras. Como estávamos no início do semestre, estávamos observando sinais de conexões entre as crianças conforme elas formavam novos relacionamentos. Nesse caso, escrever lado a lado proporcionou uma experiência compartilhada. Duas crianças que tinham um *S* em seus nomes descobriram isso enquanto se observavam escrevendo-os. Esse momento demonstrou para nós o poder das experiências compartilhadas — o prazer de descobrir algo com um parceiro, encontrar uma conexão e estar juntos naquele momento. Observamos a importância de procurar maneiras de fazer as crianças trabalharem juntas.

Imprimimos duas cópias dessa documentação e colocamos nos portfólios das duas crianças. Também enviamos por *e-mail* para a mãe de uma delas, que se sentiu confortada ao ver sua filha interagindo com outras crianças depois de um início tímido e hesitante na escola.

INVENTANDO UM JOGO

A. e S. se tornaram próximos, apesar de alguns desafios de linguagem que ocasionalmente criaram mal-entendidos. Em uma manhã, S. estava jogando uma bola contra uma parede, quando, para sua surpresa, a bola ficou presa em cima dela. A. pensou que isso era fascinante, e os dois meninos passaram todo o tempo de ar livre deles, durante vários dias, colaborando para tentar fazer isso acontecer de novo e de novo — e muitas vezes conseguiram! Esse jogo não precisava da linguagem falada, apenas imaginação e persistência; digamos que precisavam apenas da linguagem da brincadeira.

Em nossa reunião matinal, compartilhamos essa documentação com todas as crianças, que mais tarde se juntaram a esse jogo durante o horário de ar livre. A. e S. ficaram visivelmente satisfeitos e orgulhosos de terem inventado um jogo tão intrigante. Colocamos essa documentação no portfólio dos dois e no registro diário, onde os pais dos meninos pudessem ver para, posteriormente, ouvirem as explicações de seus filhos.

VISÕES DE UM DIA DE TEMPESTADE

Depois de ler *The Rainy Day*, de Anna Milbourne e Sarah Gill, em um dia particularmente chuvoso em Nova Escócia, várias crianças espontaneamente foram até os cavaletes de pintura durante a hora de brincadeira e representaram suas ideias de um dia de tempestade. Essa resposta foi bastante espontânea, o que nos levou a pensar nas muitas maneiras pelas quais as crianças absorvem o conhecimento sobre seu mundo e, em seguida, representam sua compreensão por meio de suas muitas "linguagens".
As pinturas das crianças tinham representações variadas do conceito de tempestade. Na foto à esquerda, a escuridão em quase tudo é marcante. A criança precisou misturar preto e branco de várias maneiras para obter esse efeito. As duas fotos à direita demonstram o pensamento de outra criança sobre como uma tempestade se desenvolve; ela adicionou gotas de chuva cinzentas às nuvens e pitadas de tinta para representar a chuva caindo no chão. Podemos ver entendimentos conectados desse evento demonstrados de duas maneiras completamente diferentes. Esses dez minutos no cavalete de pintura nos lembram a importância de observar atentamente, já que as crianças costumam nos mostrar suas compreensões do mundo sem usar palavras.

Colocamos essas pinturas em um papel maior que serviu de moldura. Nós discutimos sobre as pinturas em nossa reunião matinal e depois as colocamos em uma parede da área do ateliê ao nível dos olhos das crianças. Observar as pinturas se tornou, com isso, uma parte importante de observação para nossa equipe, pois as pinturas produzidas geralmente representam os pensamentos das crianças sobre o que viram ou ouviram recentemente.

UM PROBLEMA DE ESPAÇO

> Os professores colocaram um girassol gigante ao lado do cavalete de pintura, sem comentários, como uma provocação. As crianças começaram recentemente a criar desenhos e pinturas representacionais, e nos perguntamos como elas reagiriam a essa enorme flor. M. imediatamente se aproximou e começou a pintar. Como a flor estava à sua direita, ele começou a pintar daquele lado do papel, mas rapidamente ficou sem espaço enquanto tentava pintar a curva do caule da enorme flor. Ele fez uma pausa e olhou para o papel por algum tempo, depois olhou ao redor da sala em busca de um professor. Ele explicou o problema: "Não tem mais espaço!". A professora respondeu: "Bem, o que poderíamos fazer?". M. logo teve a ideia de colar mais papel no lado direito da folha. A professora ajudou ele com isso, e M. continuou pintando alegremente.

Compartilhamos essa pintura com as crianças em nossa reunião matinal, junto com pinturas de outras crianças, como uma forma de nos envolvermos na resolução colaborativa de problemas. O que fazemos quando o papel é muito pequeno? Qual é o tamanho certo para o que queremos pintar? Nosso pequeno espaço de ateliê acabou exibindo toda uma galeria de pinturas de girassol.

INVESTIGANDO PÁSSAROS

Essa investigação foi de curta duração (cerca de duas semanas), mas bastante intensa em termos das representações das crianças. Tudo começou quando elas notaram pássaros chegando ao alimentador do lado de fora das janelas da sala. Nós nos perguntamos como poderíamos ajudar os pássaros durante nosso rigoroso inverno. Depois de criar muitos tipos de alimentadores de pássaros, as crianças começaram a falar sobre o que sabiam sobre os pássaros em geral. Apoiamos esse interesse fornecendo vários tipos de experiências, mas a "visita" de uma coruja empalhada à sala como uma provocação foi o que realmente levou a investigação a outro nível. A seguir, está uma amostra de nossa documentação rápida e simples sobre essa investigação.

D. vê a coruja pela primeira vez. As penas dela parecem convidar ao toque. Todas as crianças notaram o padrão intrincado das penas dela.
O conhecimento prévio das crianças tornou-se evidente, uma vez que elas mostraram entender que esse padrão fazia parte da camuflagem da coruja. Oferecemos muitas maneiras de as crianças fazerem representações do pássaro, como tinta, argila e lápis, entre outras.

Essa foto mostra as primeiras pinturas de coruja feitas pelas crianças. Percebemos que todas essas pinturas seguiam o mesmo esquema ou maneira de pintar uma coruja, em vez de representar como a coruja realmente se parece. Por isso, decidimos oferecer diferentes materiais de desenho, começando com marcadores pretos de ponta fina.

(Continua)

Os desenhos das crianças, conforme os examinamos mais de perto (inclusive com uma lupa), foram mostrando detalhes muito mais intrincados. Percebemos que as crianças diminuíram consideravelmente a velocidade ao fazer esses desenhos. Isso nos lembrou de como as ferramentas de desenho podem afetar poderosamente como e o que as crianças desenham.

Outro meio para representar os pássaros foi utilizar massinha de modelar. É interessante ver como a massinha de modelar resultou em uma ave 2D com penas irradiando de um espaço central, mas sem corpo definido. Que significado podemos dar a isso? As asas são o aspecto mais importante do pássaro para a criança?

Colocamos essa documentação em nosso registro diário. Também a colocamos na parede para as crianças comentarem. Como podemos ver anteriormente, colocamos as pinturas de corujas em um quadro de avisos não utilizado com uma breve nota de um professor, que simplesmente diz o que começou tudo isso: "Tem uma coruja em nossa sala!". As crianças acharam esse comentário muito engraçado e muitas vezes repetiam essa frase.

AS ABÓBORAS DE KYRELL

A documentação a seguir foi desenvolvida por Liz Hicks, uma consultora pedagógica que estava trabalhando com educadores no Portland Daycare Centre em Dartmouth, Nova Escócia.

Desde cedo, Kyrell ficou intrigado com tentar equilibrar quatro abóboras em uma prateleira. Então, notei que ele havia movido elas para um canto e estava muito concentrado em resolver esse problema. Não estava funcionando.
A teoria dele sobre o porquê não estava funcionando era que as abóboras eram "escorregadias" e tinham "calombos".
Depois de um tempo, ele começou a tentar equilibrá-las contra o lado do armário de prateleiras, mas ainda assim não conseguiu...
No entanto, havia um espelho do lado do armário e depois de um tempo o foco dele mudou.

1

Ele alinhou as abóboras e começou a contá-las cuidadosamente: "Um, dois, três, quatro". Então escutei ele contar até oito! Oito? Como ele chegou até oito? Como você pode ver, ele estava contando as abóboras no espelho. Ele contou as abóboras quatro vezes — sempre checando novamente e sorrindo.

Eu perguntei: "Como as abóboras entraram no espelho?".

2

Kyrell tinha uma teoria: ele deu as costas ao espelho e então deslizou para trás dele. "Assim."
Uma teoria interessante!

3

Depois, Kyrell explicou para outras duas crianças como ele conseguia contar oito abóboras. Elas tiveram dificuldades em acreditar nele e insistiram que só havia quatro abóboras! A perseverança dele demonstrou a certeza que ele tinha de sua informação e de como chegou nela. Um sinal de um ser humano com pensamentos profundos!

4

O BOSQUE DOS CEM PASSOS

A documentação a seguir foi criada por Sandra Floyd, educadora da Epiphany Early Learning Preschool em Seattle, Washington.

3 DE OUTUBRO DE 2012

Hoje fizemos uma excursão a pé até o bosque. Tínhamos feito saídas de campo regulares no último verão para esse lugar especial, mas não desde o início do ano letivo. Na semana passada, toquei no assunto novamente e, como o tempo estava tão bom, todos decidimos que seria um bom lugar para revisitar. Gostaríamos muito de tornar esse lugar uma parte regular da nossa vida em grupo, visitando-o todas as semanas, independentemente do clima, e inserir esse pedaço de terra em nosso currículo.

O que eu acho tão incrível sobre esse lugar é que ele contém quase todos os aspectos de nossa *imagem das crianças*. Você deve se lembrar que abrimos a nossa última noite de orientação familiar com uma atividade que abordou esse conceito. Cada membro da família contou uma história sobre uma memória especial de infância, e então todos nós conversamos sobre por que isso ressoava em sua vida. Muitas das respostas tinham os mesmos temas de como nós aqui na Epiphany mantemos nossa imagem das crianças e como achamos que elas aprendem melhor: assumindo riscos, com uma sensação de não serem supervisionadas, retornando aos mesmos lugares, sendo livres, aprendendo sobre um jogo ou brinquedo, sendo independentes, sentindo-se fortes ou competentes. Acreditamos que as crianças aprendem por meio de brincadeiras e descobertas que elas mesmas começam.

No bosque, há oportunidades em todos os cantos para as crianças brincarem de forma intensa e vigorosa. O espaço aberto permite que elas corram rápido por uma boa distância. Elas podem parar no meio de um espaço aberto ou imergir nas árvores e se esconder. Adoro como elas correm tão longe e rápido que não consigo nem ouvir a conversa delas. Essa é uma ótima maneira de proporcionar a sensação de que elas não estão sendo supervisionadas (enquanto são supervisionadas) e de elas se sentirem livres e confiantes para correrem para fora do alcance dos ouvidos dos professores.

(Continua)

Outras maneiras pelas quais as crianças brincam intensa e vigorosamente são nas colinas e com galhos. Temos galhos no pátio da nossa escola, mas os galhos que encontramos no bosque são diferentes; eles simplesmente são melhores. No início, os professores não tinham certeza se essa brincadeira intensa, de corpo inteiro, deveria ser acompanhada de galhos, mas sentimos que tínhamos que deixar esse medo de lado. Eles fazem parte da brincadeira e da paisagem tanto quanto a grama e as folhas. Eu vi S. e T. jogarem um jogo que só poderia ter sido jogado em um parque. T. estava em cima da árvore olhando para baixo; S. estava na base da árvore segurando um galho no qual T. estava se apoiando. T. estava tentando puxar S. para cima da árvore, e então S., na sua vez, tentava puxar T. para baixo. Essa foi uma ótima maneira de fortalecer não apenas sua amizade, mas também seus braços! Eles brincaram disso por algum tempo antes de T. convidar S. para seu "ninho" para "procurarem bandidos". Esse é um bom exemplo de como vemos as competências das crianças, e essa visão pode melhorar ou limitar suas experiências.

As colinas desse parque são outra maneira de as crianças assumirem riscos e de nós, professores, apoiarmos essa "arriscada" tomada de decisão. Uma das duas colinas é íngreme o suficiente para que as crianças parem no meio da escalada e mudem de estratégia. A maioria tenta correr ou andar em linha reta e, em seguida, descobre que elas são íngremes demais para isso e sobe o resto do caminho usando as mãos e os pés. A parte complicada é descer. A maioria das crianças agora sabe deslizar sentada até embaixo ou descer até a metade e então, quando não tiver mais ninguém na frente, levantar-se e correr como o vento pelo resto da colina. De vez em quando, as pernas das crianças não aguentam e elas caem sentadas. Mas as quedas nunca foram tão feias a ponto de elas não levantarem e fazerem isso de novo. As crianças mais velhas geralmente são as que dão esse salto. As mais novas observam as mais velhas enquanto descem centímetro por centímetro. Adoro como uma simples colina pode criar um comportamento tão ousado! Para as crianças menores, subir é tão arriscado quanto descer. H. e L. deram algumas voltas experimentando a grande colina antes de encontrarem uma encosta mais suave e decidirem brincar por lá. Ambas as garotas subiam o máximo que conseguiam de pé e depois caíam de joelhos para terminar a escalada rastejando. Então elas se levantavam com grandes sorrisos e falavam sobre como elas iam descer correndo antes de cada descida. Isso me lembrou das muitas vezes em que estive no topo de uma encosta nevada com minha prancha de *snowboard*, reunindo a coragem para descer.

(Continua)

> Estou animada para ver como esse parque se transformará e, portanto, transformará nossas brincadeiras, quando a época de chuvas começar. Consigo imaginar a colina se tornando um grande escorregador de lama, e as árvores baixas, que no momento estão escuras e assustadoras, se tornarão ótimos lugares para brincadeiras. Eu também imagino que a parte mais aberta do bosque será menos usada e a maioria das brincadeiras será entre as árvores. As brincadeiras vão seguir o tom das estações; elas vão focar em ambientes internos e se voltar para as atividades em casa e no aconchego.
>
> Esperamos voltar a essa parte do bairro uma vez por semana para formar um relacionamento com esse parque. Queremos estender nossa sala para o ambiente ao ar livre. Gostaríamos muito de colocar nosso equipamento de chuva, ou jaquetas e luvas pesadas, ou nossos *shorts* e protetor solar e aprender e brincar enquanto as estações mudam. Eu adoraria saber o que você pensa sobre nós, crianças e professores, assumirmos isso como parte do nosso currículo. O que você pode imaginar para nós enquanto brincamos e aprendemos ao longo deste ano em encontros ao ar livre?

Temos muitas oportunidades todos os dias para documentar momentos extraordinários de aprendizado e investigações de curto prazo. Perceber esses momentos requer atenção. Devemos estar dispostos a desacelerar para que possamos ver o que está se desenrolando diante de nossos olhos. Isso significa ter um sistema para fazer anotações para não esquecermos os detalhes, colaborar com os membros da equipe e assumir a mentalidade de um detetive enquanto tentamos descobrir o que momentos específicos significam para as crianças. Como meu colega Bobbi-Lynn Keating, diretor executivo do Peter Green Hall Children's Centre, diz com tanta propriedade: "Podemos nadar e ver o que está perto da superfície ou podemos mergulhar e ver as coisas mais profundamente".

CONVITE A EXPLORAR

- Selecione um pequeno momento de brincadeira que você notou recentemente. Descreva-o a um colega professor ou estagiário e discuta o que pode estar sob a superfície. Quais são as possibilidades? O que você escreveria como documentação sobre esse momento?

- Espere por um momento em que as crianças estejam realmente envolvidas com uma história. O que nessa história está capturando elas? Como você vai descobrir? Como isso poderia ser documentado?

- Fique atento a pequenos desafios e dificuldades com materiais ou brincadeiras. Como as crianças lidam com os desafios? As estratégias delas poderiam ser documentadas?

DOCUMENTAÇÃO PEDAGÓGICA COM BEBÊS, CRIANÇAS PEQUENAS E CRIANÇAS NÃO VERBAIS

Em minhas colaborações com educadores, algumas das perguntas mais comuns que escuto são sobre como documentar as brincadeiras e as ideias de crianças que não falam, isto é, não verbais, e de fato esse é um desafio interessante. Com frequência, os educadores se perguntam como desenvolver documentação sobre uma criança que não consegue explicar seu pensamento, envolver-se em conversas ou expressar verbalmente suas ideias. Muitas vezes, esses educadores estão se referindo aos bebês ou a crianças bem pequenas. Quando nos referimos a crianças *não verbais*, não necessariamente estamos falando de crianças pequenas. Talvez uma criança mais velha não fale porque está aprendendo um novo idioma e está a maior parte do tempo ouvindo e absorvendo comunicações. Também podem ser crianças com patologias de fala e audição, mutismo seletivo e desafios de desenvolvimento. Seja qual for o motivo da ausência de fala, todas as crianças precisam e merecem ter suas ações documentadas. A documentação valida as crianças, e elas podem ser escutadas mesmo quando não falam.

Em primeiro lugar, vamos considerar o que queremos dizer com *comunicação*. As crianças comunicam suas ideias e sentimentos de várias maneiras, algumas das quais não são verbais. Quando Loris Malaguzzi (1993) se referiu às cem linguagens das crianças, ele estava se referindo não apenas à linguagem falada, mas também a brincadeira, representações gráficas como marcações, desenhos e pinturas, gestos, linguagem corporal, dança, música, teatro e muitas outras.

www.reggiochildren.it/en/reggio-emilia-approach/100-linguaggi-en

Por exemplo, quando um bebê ou uma criança mais velha não verbal presta muita atenção a algo, talvez com os olhos ou tocando o material, há uma mensagem nisso: o objeto ou evento é de interesse da criança. Devemos, então, nos perguntar o porquê. Ele está produzindo algum barulho? Ele reage ao toque da criança? Ele está fazendo movimentos interessantes? A criança simplesmente nunca viu algo assim antes e, portanto, o objeto é algo fascinante para ela e que vale a pena ser explorado?

Também podemos pensar nas expressões faciais. Olhares arregalados de admiração, sobrancelhas levantadas ou olhares carrancudos, bocas sorrindo ou tristes, tudo nos diz algo. Os bebês enviam mensagens o tempo todo, e devemos estar atentos para recebê-las. Pais e cuidadores são particularmente adeptos a esse tipo de interpretação.

A seguir, estão alguns exemplos de documentação de uma experiente educadora infantil, Krista Ahearn, quando estava trabalhando em uma creche em Halifax, Nova Escócia. Ela usa apenas uma ou duas fotografias de bebês e crianças pequenas, com um texto detalhado, para comunicar sua interpretação do que está acontecendo.

Explorando a música e o movimento por meio de brincadeiras cooperativas

18 de dezembro de 2014

As crianças têm explorado diferentes tipos de instrumentos musicais, bem como dança e movimentos corporais. Nesta tarde, os professores colocaram vários ukuleles no chão como uma provocação às crianças. Muitas delas imediatamente foram investigar.

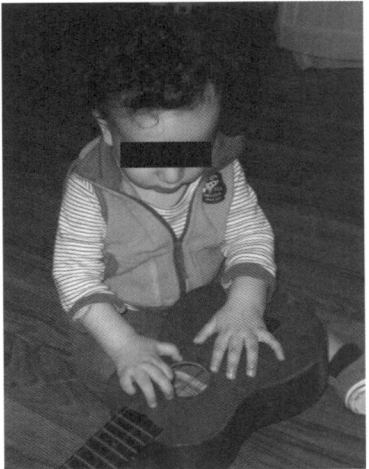

Ahmed, Zaid e Ali começaram a tocar as cordas dos ukuleles e pareceram perceber que, ao tocá-los com os dedos, esses instrumentos produziriam sons.

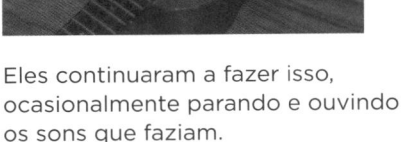

Eles continuaram a fazer isso, ocasionalmente parando e ouvindo os sons que faziam.

Carly e Aditi observaram por um momento e então começaram a passar os dedos pelas cordas também. As duas meninas então se levantaram e começaram a dançar enquanto as outras três crianças continuavam tocando.

Resolução de problemas: 5 de fevereiro de 2015
o uso da criatividade e da lógica

Muitas das crianças têm experimentado construir usando blocos e outros itens. Nesta tarde, Mila pegou um pequeno bloco de madeira vermelho, um bloco de plástico e um telefone celular de brinquedo. Ela colocou o celular em cima do bloco de madeira (que era menor do que o telefone) e, em seguida, o bloco de plástico em cima do celular.

Depois de um momento, o bloco de plástico caiu do topo da estrutura. Ela então pareceu olhar para seu trabalho com curiosidade por um momento, como se estivesse considerando o que fazer a seguir. Ela resolveu pegar o celular, colocá-lo na mesa, colocar o bloco de madeira em cima dele e, em seguida, o bloco de plástico em cima do bloco de madeira. Dessa vez, os objetos ficaram onde ela os colocou. Ela sorriu enquanto parecia analisar seu trabalho.

A experimentação de Mila com esses objetos demonstrou habilidades claras de pensamento criativo e lógico. Quando o bloco de cima caiu de sua primeira torre, ela pareceu fazer uma pausa, depois fazer um plano para empilhar os objetos novamente em uma ordem diferente, com o maior item na parte inferior (o que tornou a estrutura mais estável). Usar essas habilidades cognitivas permitiu que ela resolvesse problemas e atingisse seu aparente objetivo de construir uma torre que não caísse. Seu sorriso ao fazer isso parecia refletir um sentimento de orgulho e satisfação em sua realização.

Vamos refletir sobre a documentação da exploração de ukuleles pelas crianças. Como Krista descreveu essas experiências e o que ela incluiu?

Na primeira documentação, não houve linguagem por parte das crianças, então Krista descreveu em detalhes o que ela viu de fato: as crianças tocando o instrumento pela primeira vez, parando para escutar, observando umas às outras, dançando, sorrindo e rindo. Alguma interpretação foi necessária, por exemplo, "... e então começou a balançar seu corpo para cima e para baixo e para a frente e para trás, aparentemente conforme a música que seus colegas estavam fazendo". Aqui vemos não apenas que a criança estava se movendo, mas *como* ela estava se movendo, juntamente à visão do educador de que isso era "aparentemente" em resposta à música que os outros estavam fazendo. Dado que Krista tinha um relacionamento com as crianças e elas já tinham experimentado instrumentos antes, ela foi capaz de formar uma opinião educada e bem-informada sobre o que estava acontecendo. Ela deixou a porta aberta, no entanto, usando a palavra *aparentemente*. Dessa forma, devemos estar sempre abertos a diferentes interpretações à medida que as crianças exploram e nos demonstram o que estão sentindo ou já sabem. É preciso observar, refletir (idealmente com os outros) e observar novamente.

Na segunda documentação, Krista descreveu em detalhes os passos que a criança seguiu para resolver problemas em seu objetivo de empilhar três itens. A descrição também incluiu expressões faciais, em vez de palavras, para ajudar o leitor a entender as emoções da criança enquanto ela estava lidando com os desafios. O parágrafo final de Krista ajudou o leitor a entender por que esse evento foi importante. Podemos ver que Mila é criativa e lógica em suas abordagens sem qualquer necessidade de falar. O aprendizado dela se torna visível.

O que acontece quando as crianças são completamente não verbais e desejamos documentar o processo de desenvolvimento de uma qualidade abstrata, como a empatia? E se não tivermos fotografias que demonstrem o crescimento delas nessa área? Essa é uma situação em que Laura Oignon, na época uma estudante, enfrentou quando solicitaram que ela fizesse uma documentação em seu local de estágio. Ela não tinha permissão para fotografar as crianças e elas não eram verbais. No início, Laura estava desnorteada sobre como abordar esse desafio, mas então ela encontrou uma abordagem inovadora, usando imagens e textos cuidadosamente construídos.

Nesse pequeno texto, podemos ver como Laura capturou o fascinante mundo da comunicação não verbal.

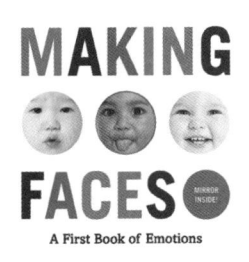

Eu estava sentada no chão lendo um livro quando C. trouxe um livro chamado *Making Faces* até mim. Esse era um livro muito popular na nossa sala. C. e P. se sentaram no meu colo e nós começamos a ler. Comecei a apontar para as expressões no livro e alterar minha voz de acordo com as emoções que elas representavam. Notei que tanto C. quanto P. estavam mudando suas expressões enquanto líamos. Eu me perguntei se eles estavam tentando copiar as expressões no livro. Comecei, então, a alterar minha expressão para a que aparecia na página e capturei a atenção deles. Eles olhavam e riam. Nós repetimos isso até terminar o livro e P. disse: "Mais, mais!".

E. escuta H. chorando e olha para ele. Ela diz "Oi, oi" e olha para mim. Eu digo "H. caiu no chão, ele está triste". E. parecia interessada em por que ele estava chorando e eu quis explicar o porquê. E. ficou olhando com curiosidade e tocou o braço de H. Ela disse "H. triste". Ela ficou olhando para mim enquanto eu o confortava e lhe dava um abraço. Entender e estar interessado na emoção dos outros é uma parte importante do desenvolvimento da empatia nas crianças.

A. ficou olhando para P. enquanto eu o abraçava. Eu disse "P. está com saudades da mãe dele". Ela franziu a testa e fez biquinho. Ela então deu para A. o brinquedo que estava segurando. Eu me perguntei se ela estava tentando imitar a expressão dele ou se estava tentando fazer ele se sentir melhor dando o brinquedo para ele.

DOCUMENTANDO O OCUPADO MUNDO DAS CRIANÇAS

As crianças são fascinadas pelo mundo ao seu redor e em como ele funciona — não apenas pelas atividades e materiais que fornecemos para elas. As rotinas, por exemplo, são uma questão importante para as crianças pequenas. Leva mais tempo para fazer a transição para o ar livre, por exemplo, porque elas ainda estão aprendendo a lidar com seus sapatos de forma independente. As refeições (se a comida for servida como em um *buffet*) podem ser uma oportunidade para as crianças decidirem quanto querem se servir, como colocar a comida em seus pratos ou como servir seu próprio copo de água ou leite. Esses são grandes marcos do desenvolvimento, e muito disso pode ser documentado. Desenvolver relacionamentos — com adultos, outras crianças e com os próprios materiais — é outra área importante da vida de todas as crianças, inclusive das pequenas. Como isso acontece na sua sala? Isso está sendo documentado?

A descoberta de materiais novos para as crianças, particularmente com combinações, é outra área a ser observada. Como elas interagem com tinta, por exemplo? Como elas resolvem problemas de equilíbrio com blocos ou outros materiais? O que acontece quando substituímos a massinha de modelar por argila? Quais são as reações e estratégias das crianças para usar esse material mais desafiador?

Em geral, parece haver algum mal-entendido ou subestimação sobre a habilidade das crianças para se concentrar, permanecer engajadas com uma ideia e explorar por longos períodos. Algumas pessoas comentam que as crianças pequenas parecem não conseguir prestar atenção por muito tempo. Os educadores delas sabem que não é bem assim. Quando uma criança tem tempo e liberdade para explorar com todo o seu corpo e todos os seus sentidos um artefato ou situação que é do seu interesse, o engajamento de longo prazo acontece.

Por exemplo, já observei crianças completamente envolvidas com poças durante uma manhã inteira de brincadeiras, ou movendo itens ao redor de uma sala, de uma área para outra, por horas. Durante essa movimentação, elas trabalharam juntas, encontraram recipientes para carregar coisas, fizeram enormes pilhas e depois transportaram tudo de volta. Esse esquema de transporte era incrivelmente envolvente, fascinante e algo que valia a pena para elas.

Quando usamos a palavra *esquema*, estamos nos referindo a padrões dentro da brincadeira, incluindo maneiras de organizar materiais e ideias e demonstrar compreensão. Ao trabalhar de perto e observar crianças pequenas, muitas vezes você notará ideias de brincadeiras grandes e pequenas que elas repetem várias vezes. Essas ideias de brincadeiras — enterrar, transportar, pular, criar padrões, e assim por diante — parecem absorver completamente a atenção das crianças. Podemos nos perguntar: "O que essa criança está tentando fazer ou descobrir?" ou "Por que isso é tão envolvente?". Os esquemas nos ajudam a entender como as crianças veem, usam e entendem seu ambiente. É importante compartilhar com as famílias documentações que deixem claro o aprendizado dentro dessas brincadeiras e o papel dele no desenvolvimento das crianças. Em seu livro *Emergent Curriculum with Toddlers*, Melissa Pinkham (2021, p. 142) comenta que "quando convidadas para o processo de aprendizagem, as famílias potencialmente podem sentir que estão envolvidas no proposta educativa de suas crianças". A documentação faz esse convite.

A seguir, estão alguns exemplos de crianças envolvidas em rotinas e relacionamentos.

Uma criança aprende a manusear utensílios de forma independente por meio de tentativa e erro.	Ajudar nas tarefas rotineiras é uma parte importante da independência da criança.	Uma lavagem de mãos alegre e independente após a troca de fraldas.

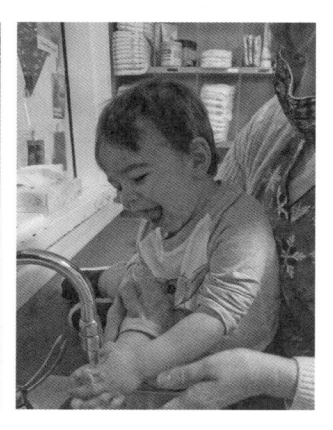

B. de Guzman é uma educadora no Point Pleasant Child Care Centre, em Halifax, Nova Escócia, que usa livros de chão com a maioria das crianças não verbais (consulte o Capítulo 8 para informações mais detalhadas sobre os livros de chão). Perguntei por que B. escolheu essa forma específica de documentação e ela respondeu:

> Para mim, é a melhor maneira de documentar as explorações das crianças. Elas estão sempre se movimentado muito, em termos de brincadeiras, aprendizado e descobertas. É difícil capturar tudo o que está acontecendo em uma foto e muito menos em uma documentação. A forma como elas se movem está interconectada às suas brincadeiras e interações com outras crianças e materiais. Ser capaz de examinar as ações delas passando de uma página para outra torna mais fácil refletir sobre o aprendizado.
>
> Além disso, é muito mais prático. Devido a nossa limitação de pessoal, não temos tempo para fazer uma documentação formal fora do chão (ou seja, fora da sala). Com os livros de chão, eu só preciso imprimir imagens, e então eu consigo trabalhar nisso com as crianças e na sala.

Ao longo deste capítulo, vimos que a documentação pedagógica — ou seja, a documentação com a qual podemos estudar e aprender — é de fato possível com bebês, crianças pequenas e outras crianças não verbais. Ela envolve observar atentamente as pistas não verbais, pensar sobre nossas próprias interpretações dessas pistas, articular isso na documentação e encontrar maneiras de explicar aos outros a mente brilhante das crianças.

CONVITE A EXPLORAR

- Como você pode ler a linguagem corporal e as expressões faciais das crianças não verbais que estão sob seus cuidados?
- Passe alguns minutos observando apenas uma criança. O que você pode deduzir de suas ações e manuseio de materiais?
- Examine duas ou três fotografias de uma criança em ação, todas representando o uso do(s) mesmo(s) material(is). O que você pode articular para os outros sobre o que está acontecendo? Experimente contar isso para um colega antes de passar para um relato escrito.

CONECTANDO-SE COM AS FAMÍLIAS POR MEIO DA DOCUMENTAÇÃO

Aqueles que trabalham com crianças pequenas sabem quanto pensamento, esforço, criatividade e intencionalidade são necessários em nosso trabalho. Embora muitas vezes não sejamos bem compensados no sentido material, encontramos outras recompensas maravilhosas nele. O *feedback* e o envolvimento das famílias podem ser encorajadores e validadores para nós. Como a documentação pedagógica ajuda nos esforços dos educadores para construir relacionamentos com as famílias? Como ela promove a compreensão das famílias sobre o que está acontecendo nas salas das crianças? Como a documentação ajuda as crianças a entenderem por que fazemos as coisas que fazemos? Como ela pode incluir as famílias?

Em seu livro *Twelve Best Practices for Early Childhood Education*, Ann Lewin-Benham (2011, p. 39) sugere que a documentação é um "ímã para os pais". No entanto, ela também reconhece a dificuldade de envolvê-los na vida em sala:

> Não é fácil envolver os pais no dia a dia de uma escola. Muitos pais não têm tempo. Alguns acreditam que não têm lugar na escola. Outros ficam intimidados pelo que percebem como uma educação e conhecimentos superiores dos professores... Existem tantas barreiras para as famílias se envolverem quanto existem famílias.

Lewin-Benham (2011, p. 39) descreve uma poderosa maneira como a documentação atraiu as famílias no Model Early Learning Center em Washington, DC, onde ela era diretora. Ela comenta: "Sem ter vivido isso, não sei se teria acreditado que a documentação seria o impulso para envolver os pais no dia a dia da escola".

Em minha própria prática, experimentei respostas positivas semelhantes de famílias na Halifax Grammar School. Essas famílias tinham a oportunidade de ler painéis de documentação sobre investigações de longo e curto prazos, ver nosso diário, que continha pequenos eventos cotidianos, e ler os portfólios das crianças, que eram mais personalizados. Perguntamos às famílias "como a documentação melhorou a compreensão delas do modo como as crianças estavam aprendendo, como o programa ajudou no pensamento da criança e como as ideias da criança foram desenvolvidas por meio ou a partir de em projetos".

A seguir, está um exemplo de resposta de um dos pais:

> Achei essa documentação muito útil para os pais. Ela nos permitiu saber o que as crianças estavam fazendo e trouxe muitas oportunidades para diálogos em casa. Meus filhos costumavam responder à pergunta "Como foi a escola hoje?" com "Incrível!", mas depois não contar nada do que fizeram. Tínhamos que fazer mais perguntas, como "Você teve aula de francês hoje?". Com o diário, é possível perguntar especificamente sobre as atividades que vimos nele. Eu também achei que a documentação foi muito valiosa porque permitia que as pessoas que não são profissionais da educação infantil entendessem a inspiração e os fundamentos por trás de cada atividade. Isso me deu confiança de que os professores de meus filhos sabiam exatamente a melhor forma de ensiná-los, usando os interesses deles como base para investigações. Por fim, quando as entrevistas entre pais e professores aconteceram, foi ótimo ver o trabalho dos meus filhos em portfólios e na parede, e escutar as reflexões dos professores sobre eles.

Quando tornamos visíveis as ideias, o que as crianças entenderam ou não, as teorias sobre como o mundo funciona e as investigações ativas delas, é mais provável que consigamos gerar curiosidade e engajamento de suas famílias. Este capítulo discute como os ambientes da educação infantil podem se comunicar com as famílias sobre o trabalho das crianças por meio das várias formas de documentação.

PORTFÓLIOS INDIVIDUAIS

Naturalmente, os membros da família querem ler sobre e ver seus próprios filhos em ação durante brincadeiras e investigações, testemunhar os estágios de desenvolvimento deles e examinar amostras de trabalho das crianças. Os portfólios individuais desempenham todas essas funções, além de fornecer aos professores uma riqueza de informações para fins de avaliação. Os portfólios diferem de acordo com o contexto, podendo ser digitais ou impressos (com a vantagem de facilitar o acesso das crianças), e conter qualquer um ou todos os itens a seguir:

Documentação pedagógica **89**

- Fotografias da criança em ação, seja envolvida em brincadeiras, investigando materiais ou participando de atividades. Explicações escritas devem acompanhar essas fotos, explanando sobre o contexto e o significado dos eventos retratados.

Ao brincar com um *laptop* antigo (estragado), L. fez seu próprio plano de fundo desenhando um labirinto e colocando ele sobre a tela do aparelho. Mais tarde, ele e M. criaram um jogo, desenhando em várias páginas e depois passando de página em página para que o jogo progredisse de uma fase para a outra. Ficamos animados ao ver tanta engenhosidade e capacidade de transferir conhecimento de um contexto para outro.

- Traços de marcos de desenvolvimento.

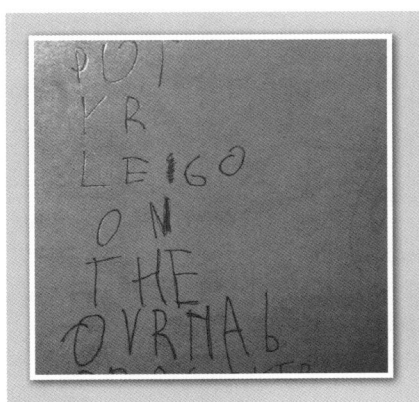

H. criou uma mensagem para outras crianças usando uma ortografia não convencional. Sua mensagem dizia: "Coloque seu Lego no projetor" (*"Put your Lego on the overhead projector"*). Esse uso funcional da escrita demonstra intencionalidade e disposição para se arriscar com ela. Também demonstra o desejo de H. de compartilhar seu aprendizado; ela queria *muito* que outras crianças experimentassem fazer sombras de Lego com o projetor!

- Fotografias ou descrições escritas das interações sociais das crianças.

> Ao longo de vários dias, durante as brincadeiras, as crianças encenaram uma viagem de trem. A maioria nunca tinha andado de trem de verdade, mas o conhecimento prévio delas — muitas vezes vindo de livros — era impressionante. Com uma criança (sempre a mesma menina) como gerente da estação, o trem estava carregado de passageiros, que tinham que ter passagens. As crianças arrumaram provisões (incluindo comida para os animais, que foram levados junto em gaiolas) e até criaram passaportes. Percebemos um apoio mútuo entre os pares: uma criança explicando para a outra que os passaportes eram necessários porque elas estavam saindo do país, outra sabendo que um apito deve soar antes que o trem possa partir. Essa brincadeira rica e complexa foi sendo reconstruída com o passar dos dias. Os professores claramente foram capazes de enxergar líderes e seguidores dispostos e uma construção contínua de conhecimento. Nesse caso, fotografias e textos foram colocados no portfólio da gerente da estação como um exemplo de suas habilidades de liderança.

- Transcrições de conversas com as crianças. Esses tópicos de conversação podem incluir ideias, experiências, planos ou reflexões sobre eventos em sala.

Documentação pedagógica **91**

- Amostras de desenhos e pinturas das crianças, fotografias de modelagens ou construções, e assim por diante. Essas amostras são vestígios da vida das crianças em sala e da aprendizagem delas em ação. Escolha essas amostras com cuidado para evitar lotar demais o portfólio. Pergunte-se: "Por que estou incluindo isso?" ou "O que há de significativo nisso?". Você pode envolver as crianças na decisão do que vai entrar nos portfólios delas. Se você mantiver os portfólios em um local acessível e disponibilizá-los para as crianças lerem, elas vão lê-lo com frequência. Por meio da exposição frequente e conversas sobre seus trabalhos, as crianças aprendem que nem tudo entra em um portfólio — apenas itens que são importantes de serem lembrados e compartilhados.

S. transfere seu modelo 3D de um pássaro para um formato 2D. Essa exploração de diferentes maneiras de representação pode abrir novas oportunidades para S. enxergar seu trabalho e seu pensamento a partir de várias perspectivas.

M. experimenta um novo método (para ele) de fazer marcas. Como M. não gosta muito de pintar, esse uso de ferramentas permitiu que ele explorasse os efeitos da pintura de uma maneira diferente.

Após uma discussão sobre colchas, esta criança construiu um *design* a partir de retalhos de tecido, uma atividade que foi o início de uma exploração maior sobre colchas de retalhos.

- Fotografias e amostras de trabalhos de projetos. Você pode escrever uma descrição de um projeto, com informações básicas para o contexto, e duplicá-la para uso nos portfólios de todas as crianças envolvidas. Então, você pode escrever um comentário mais personalizado para cada criança, explicando sobre o papel dela projeto.

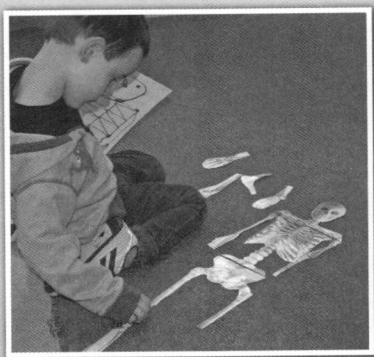

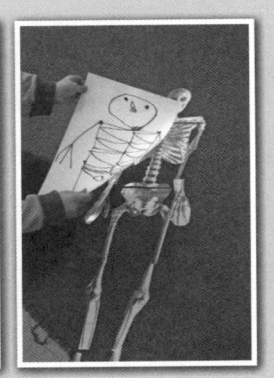

D. ficou fascinado com um quebra-cabeça de esqueleto fornecido pelos educadores como um convite à brincadeira na área de leitura em resposta a um interesse das crianças no corpo humano. Depois de montar o quebra-cabeça, D. encontrou, de forma independente, um livro de não ficção para usar como referência para desenhar seu próprio esqueleto. Então, ele colocou seu desenho ao lado do esqueleto do quebra-cabeça e pareceu imergir em pensamentos. Aproximando-se de uma professora, ele mostrou a ela seu desenho e disse: "Eu gosto mais do meu". D. é capaz de representar seu mundo de várias maneiras, e, ao descobrir algo novo, ele quase sempre encontra uma maneira de representar seu pensamento.

REGISTROS DIÁRIOS

Assim como os portfólios, os registros diários (ou apenas diários) diferem de acordo com o contexto. Na maioria dos casos, no entanto, os registros dão um breve vislumbre do dia a dia da vida em sala, mostrando momentos específicos, nem sempre relacionados. Eles podem ser colocados na porta de uma sala ou em um mural nos corredores para que as famílias possam conferir quando forem buscar as crianças. Muitas vezes, os educadores optam por produzir uma página por dia para que ela se encaixe no tempo disponível e seja fácil de ser lida rapidamente pelas famílias e pelas crianças.

Além disso, a documentação de uma série diária de momentos conectados pode fornecer uma visão geral do desenvolvimento de um projeto. As páginas do diário podem ser assim:

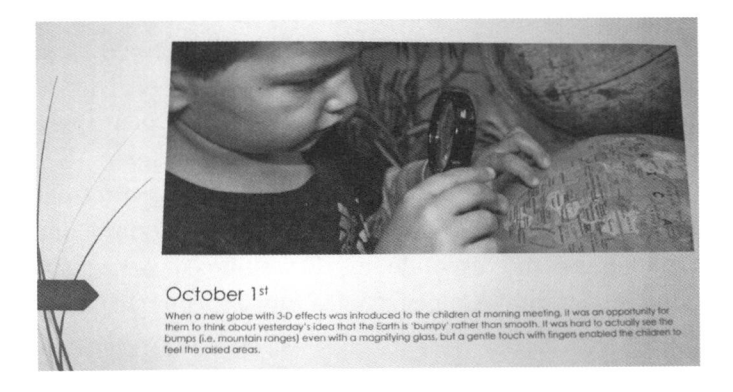

October 1st

When a new globe with 3-D effects was introduced to the children at morning meeting, it was an opportunity for them to think about yesterday's idea that the Earth is 'bumpy' rather than smooth. It was hard to actually see the bumps (i.e. mountain ranges) even with a magnifying glass, but a gentle touch with fingers enabled the children to feel the raised areas.

Ou, no caso de eventos conectados, as páginas podem ser assim:

O movimento da tinta: ao longo de vários dias, as crianças experimentaram maneiras de mexer com a tinta. Elas usaram as mãos e várias ferramentas, moveram o próprio papel e também pintaram ouvindo música. Essas experiências ampliaram a visão delas sobre o que diferentes meios podem fazer e como as diferentes mídias e linguagens podem ser combinadas. Essas experiências foram oferecidas pela primeira vez como um convite depois que os professores notaram um uso limitado de técnicas de pintura. O convite então ganhou vida própria — ou uma vida que foi gerada pelas crianças — quando as crianças perceberam que preferiam algumas técnicas em relação a outras. Nós prevemos que as peças soltas e a ampla gama de ferramentas disponíveis no ateliê iriam levar a mais experimentações e ampliar as linguagens artísticas das crianças.

NOTAS SEMANAIS

Muitos contextos de educação infantil enviam notas semanais para casa que dão uma visão geral do que aconteceu na sala. Às vezes, em vez de serem uma "documentação", as notas são mais uma lista do "que temos feito". Essas notas podem ser em papel ou em formato eletrônico, dependendo das circunstâncias e preferências das famílias.

De qualquer forma, você pode anexar pequenas documentações a essas notas semanais, juntamente a notícias e lembretes habituais para as famílias. Um momento comum, por exemplo, pode se encaixar em nosso formato de anotações semanais, e podemos incluir um exemplo de uma pergunta que as crianças fizeram e as maneiras como respondemos. Esses tipos de articulações explicam mais sobre como nossa proposta pedagógica funciona do que uma simples lista de eventos.

Ao montar essas "pequenas documentações", lembre-se de que elas devem se encaixar em nosso formato usual de boletim informativo.

No ateliê:

Usando papéis muito pequenos, canetas de ponta fina e aquarelas, as crianças desenharam e então pintaram suas memórias, e ditaram as palavras sobre elas para uma professora. Essas palavras foram digitadas e levadas de volta para as crianças para que elas verificassem se estava tudo certo, o que trouxe à tona ainda mais memórias.

Nós nos perguntamos quais eram as memórias mais antigas que as crianças tinham... Uma ou duas disseram que elas "lembravam de ser um bebê" e em outras conversas descobrimos que tinham álbuns de fotos de quando eram bebês, que contavam para elas a história dessa época. Você tem uma foto da sua criança quando bebê que você confiaria a nós, talvez depois das férias de inverno? Elas poderiam ser compartilhadas nos nossos encontros matinais, e esperamos que elas possam produzir muitas outras conversas e memórias...

LIVRETOS PARA LEVAR PARA CASA

Algumas documentações funcionam bem sendo compartilhadas em forma de pequenos livros. Os livretos são muito acessíveis e atraentes para as crianças menores, e também são fáceis de serem enviados para as famílias. Como muitas famílias já leem para seus filhos na hora de dormir, os livretos oferecem a oportunidade da leitura da história de um projeto ou evento juntos, com a criança fazendo a maior parte da "leitura". Você pode distribuir livretos como esses entre as famílias ao longo do período letivo.

VÍDEOS

Você pode usar vídeos como uma forma de documentação para qualquer público a qualquer momento, mas eles são particularmente úteis para compartilhar projetos que envolvam música, movimento ou muita ação física, como escalar, colocar materiais lúdicos em movimento ou construir grandes estruturas ao ar livre. Para investigações como essas, os vídeos podem dar uma ideia do aprendizado cinestésico envolvido, da graça e do equilíbrio que estão se desenvolvendo, das interpretações da música em andamento, e assim por diante. Se você é tecnicamente hábil, pode fazer locuções para seus vídeos, mas elas geralmente não são necessárias. Na maioria dos casos, se bem filmadas, as ações das crianças falam por si só.

Annette Comeau, que conhecemos nos capítulos anteriores, oferece o exemplo de um projeto de balé que se desenrolou em sua sala.

> Sentimos que o vídeo, a ser compartilhado durante uma reunião com as famílias, era o formato mais adequado para a documentação desse tópico. E, olhando para a documentação novamente, estamos pensando em pendurar fotografias em algo que se mova... um daqueles móbiles com prendedores de roupa... que se moveria e daria uma ideia do projeto.

Se você gosta de experimentar fotografias estáticas, pode criar efeitos de movimento alterando a velocidade do obturador. Esta técnica é demonstrada na fotografia a seguir, com a contribuição da fotógrafa Hannah Mizthoff, que visitou nossa sala e compartilhou sua experiência durante nosso projeto fotográfico.

O INESPERADO CHAMA A ATENÇÃO

> O cérebro se torna mais ativo após surpresas porque há emoções envolvidas. É por isso que criatividade e surpresa se tornam tão eficazes quando misturadas e é um fenômeno que vale a pena ser explorado (Brito, 2021).

Como seres humanos, muitas vezes somos atraídos pelo inesperado — novas abordagens para rotinas familiares, maneiras incomuns de ver as coisas e novas formas de pensar sobre elas. Também somos atraídos pela beleza, como o esplendor da natureza, o trabalho de artistas talentosos e a beleza desinibida do trabalho das crianças.

Quando planejamos a documentação para chamar a atenção para o que as crianças estão fazendo e para convidar as pessoas a dar sentido a esses eventos, também devemos considerar como a documentação atrairá as pessoas. No Capítulo 3, exploramos os recursos de *design* e por que eles são importantes. Quando a documentação está completa, como podemos usar a exposição criativa — talvez em lugares inesperados ou de maneiras incomuns — para chamar a atenção do nosso público-alvo?

Talvez você tenha um quadro de avisos ou uma parede perto de onde as crianças penduram seus pertences ou onde as famílias entram e saem com seus filhos. Usar esses espaços para a documentação é algo lógico. Mas se sua documentação estiver sempre no mesmo lugar ou pendurada da mesma maneira, famílias ocupadas podem passar por ela sem nem olhar. Como você pode mudar um pouco as coisas para inspirar curiosidade? A seguir, estão alguns exemplos de estratégias e posicionamentos inovadores para exibir documentações.

- Pendure o trabalho ou as fotografias das crianças em um galho. Coloque-o em um local inesperado, como sobre os armários, no corredor ou saguão de entrada. Você pode expor o trabalho ao longo do galho horizontal ou verticalmente. Um galho também funciona bem com trabalhos de arame (como esculturas de arame) e com documentações fotográficas menores montadas com uso de algum suporte ou moldura.
- Para documentações em constante mudança, como de produções individuais, disponha pranchetas em linhas ou colunas em uma parede e facilmente adicione a documentação diária em cima do trabalho dos dias anteriores.
- Use a estrutura metálica de um guarda-chuva (sem tecido, de cabeça para baixo) para pendurar a documentação sobre as áreas onde o evento documentado ocorreu. Isso é particularmente útil quando temos pequenos artefatos — modelagens que as crianças fizeram ou coisas que elas pegaram ao ar livre — que podem ser vinculados à documentação escrita.
- Forme espaços independentes pintando ou cobrindo grandes caixas de papelão de tamanhos variados e, em seguida, empilhando-as. Monte a documentação nessa estrutura quando a parede não tiver espaço disponível, ou coloque-a em um lugar onde você sabe que o tráfego de pessoas será grande, como em um corredor ou saguão de entrada, e o trabalho chamará a atenção. Você vai começar a notar que museus e galerias de arte frequentemente usam essas estruturas independentes para expor obras.
- Amplie trabalhos independentes, como uma escultura ou construção, colocando-os em uma superfície espelhada ou apoiando um espelho grande atrás deles.

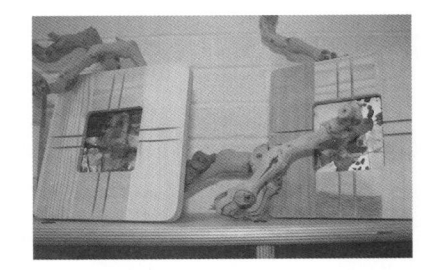

- Use molduras de quadros antigos ou de janelas grandes para enquadrar várias documentações menores. Se molduras não estiverem disponíveis, faça uma grade com bambus amarrados com algum tipo de corda natural. Ou faça uma grande moldura simples de bambu com linhas de arame ou linha de pesca de um lado até o outro. Prenda itens nesses fios ou linhas.

- Se as crianças tiverem feito muitas produções pequenas, ou se você tiver uma série de fotografias que deseja colocar em um livro, disponha um livro aberto, no estilo de um acordeão de pé, em cima de uma prateleira. É fácil para crianças e famílias examinarem juntos esse tipo de material.

Neste capítulo, exploramos não apenas algumas possíveis maneiras de compartilhar a documentação com as famílias e as vantagens desse compartilhamento, mas também como chamar a atenção para uma documentação. A seguir, estão algumas perguntas a serem consideradas sobre como entrar em contato com as famílias.

CONVITE A EXPLORAR

- Pense nas pessoas do seu contexto. Dadas as origens culturais e os estilos de vida dessas famílias, que tipo de documentação seria mais adequada para elas? Qual seria o seu primeiro passo para tornar sua documentação mais acessível?
- Escolha uma série de fotografias que contem a história de uma sessão de brincadeiras ou evento sem palavras. Como e onde você exibiria essas fotos para obter o melhor efeito possível? Escreva um relato conciso (um ou dois parágrafos) para contextualizar as fotos e oferecer suas reflexões, e coloque esse relato em algum lugar nas proximidades. Como as famílias respondem? O que essa resposta lhe diz?

INSPIRANDO-SE EM DOCUMENTAÇÕES "BRUTAS"

No ambiente da sala, onde os educadores estão constantemente interagindo, dando suporte, oferecendo andaimes, observando e atendendo a uma infinidade de necessidades, às vezes é desafiador encontrar tempo para documentar as ideias e as estratégias das crianças para realizar grandes brincadeiras. Mesmo os educadores que aderem completamente à *ideia* de documentação e seus muitos benefícios me dizem que têm dificuldades para encontrar tempo para realmente produzi-la. Isso é compreensível, e a maioria dos gestores também tem dificuldade de fornecer tempo fora da sala para esse tipo de trabalho reflexivo, embora eles também o valorizem profundamente.

Uma resposta para essas dificuldades é a *documentação "bruta"*, isto é, raiz ou com informações em estado bruto. Esse termo refere-se aos rascunhos, esboços, mapas que fazemos e fotos que tiramos, e que são armazenados em um local combinado para referência futura. O objetivo de juntar esse tipo de documentação é que ela seja usada pelos educadores, em vez de compartilhada com as famílias ou a comunidade. Ela é uma ferramenta para nosso pensamento, nossos dados, que podem se tornar a base de documentações maiores e mais formais no futuro. Neste capítulo, veremos algumas das muitas formas que a documentação "bruta" pode assumir e como ela pode ser útil para os profissionais.

BLOCOS PARA ESBOÇOS

Os esboços existem há séculos, e até Leonardo da Vinci usou o método para criar suas invenções e ideias filosóficas. Quando nos lembramos da crença de que as crianças têm cem linguagens para expressar ideias — incluindo fazer rabiscos, artes, brincadeiras, etc. —, faz sentido que os adultos também precisem de diferentes maneiras de organizar seus pensamentos, ideias e observações além da palavra escrita.

Um dos aspectos mais atraentes de fazer esboços é que eles são extremamente rápidos e grosseiros, com rabiscos e anotações rápidas feitos na hora ou com pressa dentro de nossas agitadas salas. Muitas vezes, esses rascunhos são, como resultado, muito confusos. No entanto, isso não importa, porque eles não são feitos para serem compartilhados com famílias ou membros da comunidade. Em vez disso, o propósito deles é servir como uma ferramenta de pensamento que foque nas nossas observações, perguntas e ideias iniciais. Assim, essas anotações são uma forma de produção de dados para nos ajudar quando pensamos no nosso dia ou semana e tomamos decisões sobre o que fazer a seguir. Precisamos fornecer aos bebês materiais parecidos ou diferentes? Precisamos ter alguma conversa com as crianças? Quais são nossos questionamentos sobre o que as crianças estão fazendo? Nossas anotações muitas vezes provocam diálogos e reflexões adicionais.

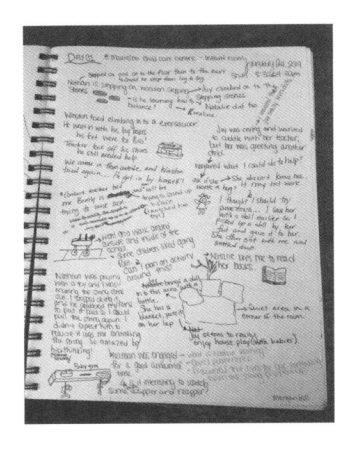

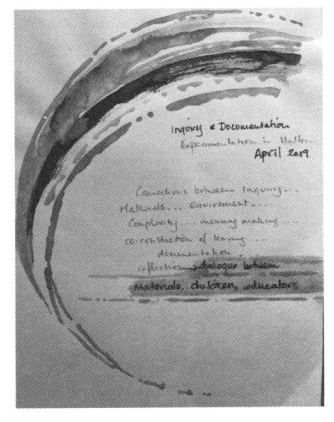

Ao examinar nossas notas e esboços, com frequência encontramos um assunto em comum ou padrões, que podem surgir nas brincadeiras ou nas conversas das crianças. Por exemplo, podemos vê-las retornarem repetidamente à ideia de equilíbrio de várias formas diferentes, seja equilibrando materiais ou a si próprias. Podemos fazer algumas anotações curtas sobre o que as crianças disseram enquanto equilibravam materiais e um esboço ou dois das produções delas. As fotos podem esperar até que estejamos prontos para desenvolver uma documentação mais acabada. Um pequeno esboço nos ajuda a manter em mente o que estava acontecendo em determinado momento.

Um bloco de anotações pode ser individual (cada professor na sala pode ter o seu) ou compartilhado pela equipe, quando todos colocam coisas em um mesmo caderno. Essa abordagem em equipe pode ser útil, pois quando fazemos uma pergunta dentro do bloco, outra pessoa pode respondê-la ou pelo menos ter algumas ideias a oferecer. Dessa forma, o bloco tem o potencial de se tornar uma espécie de diário compartilhado ou um diálogo escrito. A imagem a seguir tem um exemplo de diálogo entre uma professora particular, Lisa Peacock, e seu instrutor.

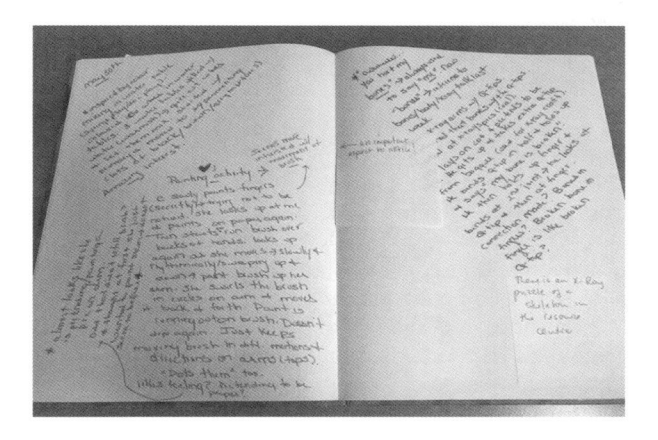

MURAL DE REFLEXÃO

Quando uma investigação ou grande ideia de brincadeira parece estar se desenrolando, toda a equipe pode contribuir para as anotações com observações, perguntas e pensamentos em um mural designado para esse fim. Com o tempo, esse mural pode ficar com dezenas de notas adesivas e pedaços de papel, fornecendo informações ricas para as reflexões dos educadores. Ao juntar todas as nossas notas aleatórias dessa maneira, às vezes vemos tópicos comuns. Juntos, os educadores às vezes podem ter *insights* que não conseguiram perceber individualmente. Todos nós temos perspectivas e perguntas diferentes sobre o que estamos percebendo na sala. Assim, os murais de reflexão exigem que vejamos as situações através de diferentes lentes.

Julie Glen, professora referência do nível pré-escolar no National Child Research Center (NCRC), em Washington, DC, lembra-se de como começou a usar um mural de reflexão depois de ler o livro *Emergent Curriculum in Early Childhood Settings* (Stacey, 2018) na narrativa a seguir.

> Sempre gostei de organizar exposições das produções investigativas de meus alunos. O corredor do lado de fora da minha sala é chamado de "galeria", e as crianças são incentivadas a revisitarem suas produções e a reexaminarem suas pesquisas, obras de arte, palavras e pensamentos, bem como manipulação de materiais.
>
> No entanto, eu nunca tinha pensado em mostrar quaisquer dos meus pensamentos ou ideias sobre como eu estava produzindo e apresentando o currículo aos meus alunos. À medida que o mural de reflexão começou a se desenvolver, comecei a observar os pedaços de papel, fotos, notas manuscritas e documentação para refletir sobre como essas ideias floresceram e cresceram no ambiente da sala. Reflexões e memórias passaram a ser algo muito importante para mim sempre que eu passava pelo mural.
>
> Em conclusão, eu valorizo a importância de documentar o processo dos professores e a conexão emocional proporcionada quando ele é exibido na sala. Ficou claro para mim que ter um mural de reflexão potencializa a relação professor-aluno e honra ambos.

PROCESSO CURRICULAR

Um processo curricular é um trabalho em estado bruto, preliminar, que vai sendo montado em um quadro pendurado na sala para que os educadores possam vê-lo facilmente. É como se fosse um mural de reflexão, pois também está em uma parede, mas serve a um propósito ligeiramente diferente. Ele nos leva pela jornada do que vem acontecendo. À medida que uma investigação se desenrola, as crianças muitas vezes nos levam a diferentes tangentes e, como educadores responsivos, queremos acompanhar isso. Assim, o processo curricular se torna uma espécie de registro. Talvez ele comece com uma das perguntas das crianças ou um evento lúdico e depois mostre a proposta do educador, o que aconteceu a seguir, e assim por diante. Ele pode ser linear, mas muitas vezes pode tomar diferentes rumos à medida que as explorações das crianças se expandem.

Quando criamos um processo ou um caminho curricular, ele mostra a trilha por onde as crianças estiveram, bem como as propostas dos professores — conseguimos ver toda a jornada em um só lugar. Essa é uma ferramenta extremamente validadora para os educadores (para ver todo o trabalho e o aprendizado visíveis ao longo do tempo) e também ajuda as famílias a verem e a entenderem como a proposta pedagógica funciona. Curiosamente, descobri em minha própria experiência que, quando as famílias veem essa representação um tanto confusa de nossa jornada com seus filhos, elas ficam fascinadas e tiram tempo para ler o que está no mural.

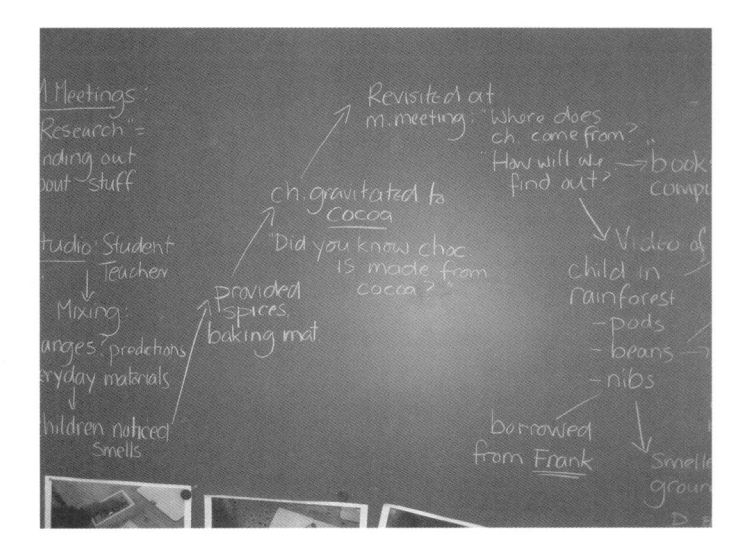

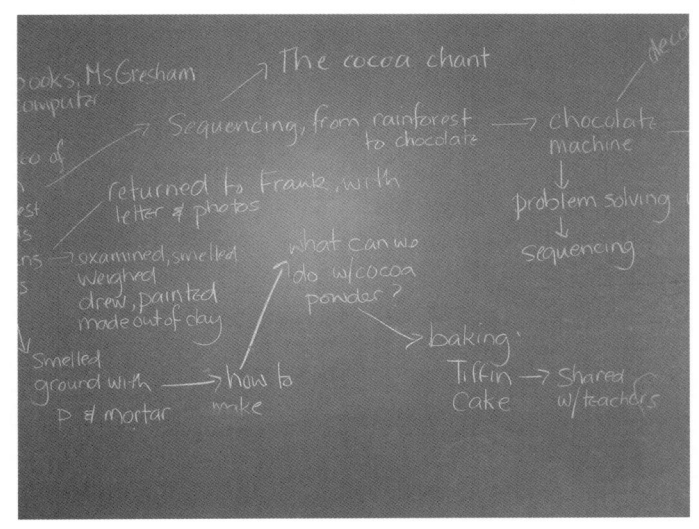

DOCUMENTANDO COM AS CRIANÇAS

Um aspecto maravilhoso das formas mais breves de documentação é que podemos prepará-las na hora — na sala, durante a brincadeira ou em pequenos grupos, com algumas das crianças presentes. Quando nos sentamos com elas e juntamos fotografias com texto, as crianças que já sabem verbalizar podem oferecer informações sobre seus pensamentos e como elas se envolveram em uma exploração. Podemos incorporar palavras das crianças no relato do pensamento dos professores sobre as experiências. Se a informação for particularmente rica, podemos inclusive usar apenas essas conversas transcritas das crianças para apoiar as fotografias.

Os bebês e as crianças pequenas, não verbais, também ficam muito intrigados ao se verem na tela do computador ou em uma fotografia impressa. Nesses casos, um professor pode descrever no texto as expressões faciais, a linguagem corporal ou as vocalizações das crianças e, em seguida, tentar interpretar as respostas delas às fotografias.

O que as crianças ganham ao documentar conosco? Primeiro, esse processo as empodera. Ele dá às crianças uma voz sobre como a produção delas é descrita e como ela é exposta para os outros. Talvez haja uma fotografia que elas prefiram do que outra ou um desenho de que particularmente se orgulhem. Elas podem dizer se estão felizes com nossa descrição do que aconteceu — se acertamos o ponto de vista delas ou se o entendemos mal.

Em segundo lugar, quando as crianças veem a atenção séria que damos ao processo de compartilhar a produção e aos pensamentos delas com os outros, elas entendem que validamos esse trabalho e pensamento. Todas as documentações têm esse efeito, mas elas frequentemente são produzidas apenas pelos professores. A documentação individual ou em pequenos grupos criada *com* as crianças, por sua vez, destaca o processo e leva a uma maior interação entre crianças e professores sobre as produções.

Em terceiro lugar, enquanto as crianças colaboram conosco na tomada de decisões, elas aprendem a articular ideias de uma forma que os outros possam entender. Quando lemos as palavras delas para elas, as crianças em idade pré-escolar podem entender que a descrição não é clara ou não é exatamente o que queriam dizer. Descrever algo para alguém de fora do círculo familiar é um processo diferente para a maioria das crianças do que descrever algo para suas famílias ou professores. As crianças podem tornar os pensamentos delas mais explícitos porque o leitor desconhecido não tem um contexto para tomar como base. Os professores podem apoiar esse tipo de aprendizagem de linguagens fazendo perguntas como "Você acha que mamãe/papai/outras crianças/outros professores vão entender o que você quis dizer?" ou "As crianças mais velhas/mais novas em nossa escola não sabem que estamos fazendo este projeto, então o que devemos dizer a elas para que elas o entendam?".

As crianças podem ser participantes ativas na construção da documentação de várias maneiras. A seguir, estão algumas a considerar.

AS CRIANÇAS COMO FOTÓGRAFAS

Colocar uma câmera nas mãos de uma criança, mesmo uma criança pequena, nos permite enxergar o ambiente através de seus olhos. As câmeras digitais facilitam isso, pois são resistentes e usam uma tecnologia simples de olhar e apertar um botão, e as crianças podem tirar dezenas de fotografias porque podemos excluir muitas, se necessário. À medida que as crianças documentam o que é importante ou interessante para elas, temos a percepção de como elas veem o mundo. Podemos usar essas fotografias para conversas futuras, tanto com as crianças quanto entre os professores, como parte do processo reflexivo.

Um professor pode conversar com uma criança de 4 anos sobre sua fotografia, começando com: "Conte-me sobre esta foto".

Aqui estão algumas perguntas adicionais que podemos usar para conversar com as crianças sobre as fotografias delas: "Parece interessante, conte-me mais!"; "O que fez você querer tirar uma foto disso?"; "O que podemos dizer sobre esta foto para as outras crianças?"; "Precisamos de mais fotos sobre isso? O que faremos com elas?".

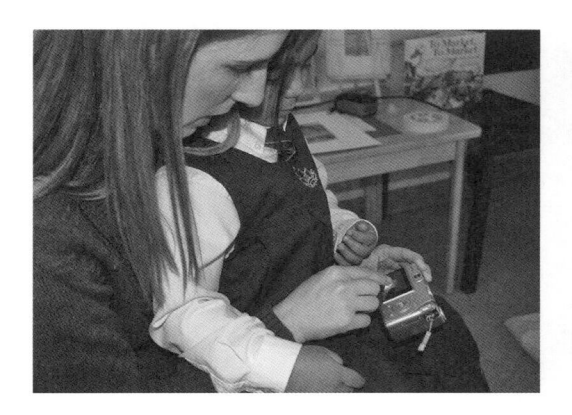

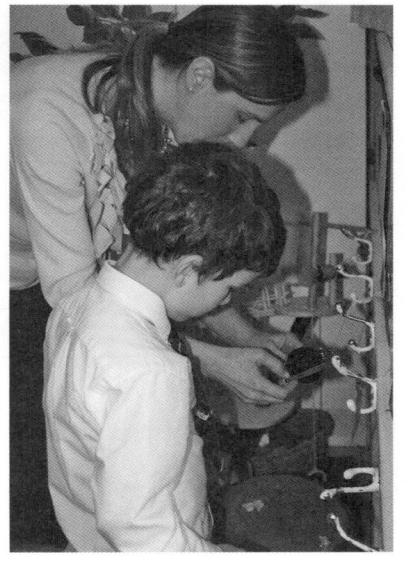

DIÁRIOS DAS CRIANÇAS

Eu uso vagamente a palavra *diário* aqui, por falta de uma palavra melhor. No ensino fundamental, as crianças têm materiais como cadernos e pastas para escrever e desenhar. Isso muitas vezes não é o caso da educação infantil, e ainda assim as crianças adoram ter um caderno próprio. Neles, elas podem desenhar suas ideias, fazer rabiscos que representem seus pensamentos ou começar a fazer letras se esse for seu estágio de desenvolvimento.

Lembre-se de que esses cadernos não são um lugar para fazer produções ou praticar a escrita, pois isso não seria apropriado para essa faixa etária. O que aparece nesses cadernos são representações dos pensamentos e ideias das crianças, produzidas à sua maneira e no seu próprio tempo e nível. Portanto, é a documentação do que está capturando a atenção das crianças e as envolvendo em um momento específico.

Podemos usar esse diário para acompanhar o que as crianças estão pensando ao longo do tempo. Por exemplo, se armazenarmos os cadernos diários em uma área de escrita em uma prateleira que seja acessível, as crianças vão usá-los para brincar com letras, criar símbolos ou ditar histórias ou memórias.

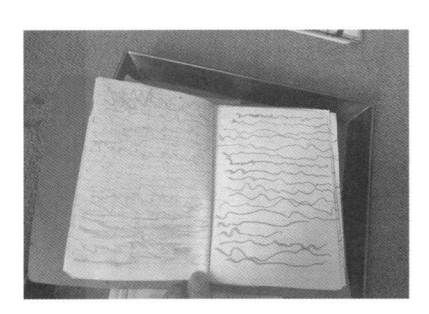

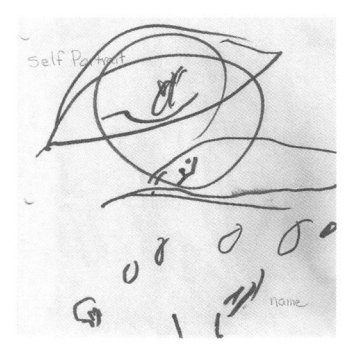

Documentação pedagógica **107**

Eventualmente, elas podem querer desenhar ou falar sobre um projeto, sobre ideias relacionadas ao mundo delas, sobre o que está acontecendo em sua vida, etc. Não importa o quão pequenas ou provisórias essas amostras ou desenhos experimentais sejam, eles são traços valiosos dos conhecimentos, pensamentos e experiências prévias de uma criança. Às vezes, essas experiências se relacionam com o que vem acontecendo em casa e, portanto, são uma conexão com as famílias. Elas são uma documentação para refletirmos.

COLETANDO AMOSTRAS DE ESCRITA

Nos exemplos a seguir, fornecidos por Annette Comeau, vemos uma maneira diferente de acompanhar o desenvolvimento da alfabetização de uma criança. A escola não usa diários, mas coleta amostras de escrita ao longo do tempo, permitindo que as marcas das crianças e as linguagens simbólicas falem por si só. Os comentários para a criança são escritos no estilo de uma história de aprendizagem (ou seja, se dirigem diretamente a ela), mas, nesse caso, o trabalho da criança se torna uma documentação do processo dela.

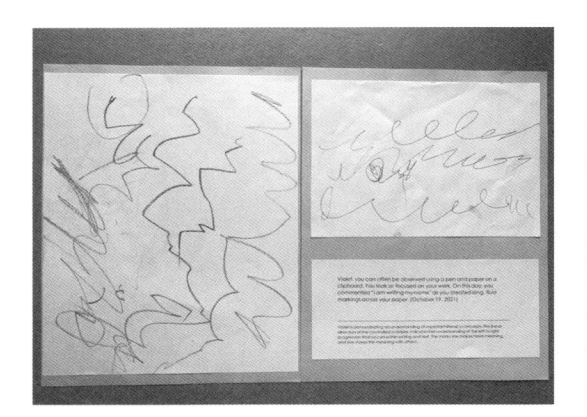

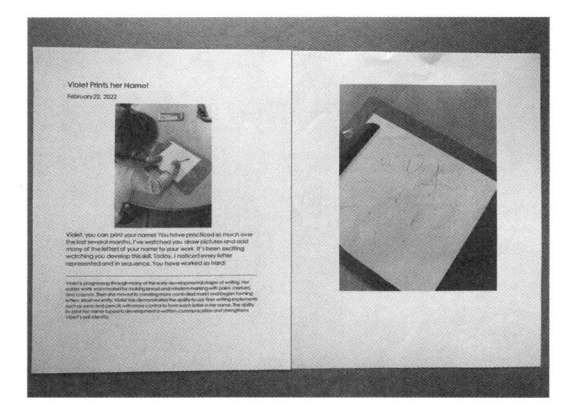

LIVROS DE CHÃO (*FLOORBOOKS*)

Os livros de chão, ou *floorbooks*, chamaram minha atenção pela primeira vez ao estudar o trabalho de Claire Warden, que opera uma proposta pedagógica ao ar livre na Escócia há muitos anos. Claire descreve os livros de chão como uma ferramenta de planejamento e pensamento que provoca conversas e ideias enquanto captura o aprendizado e os pensamentos das crianças, "um centro de documentação".

Na prática, os livros de chão são grandes livros em branco que as crianças usam em pequenos grupos ao longo do dia. Seu conteúdo depende das crianças. Muitas vezes, elas optam por fazer rabiscos e desenhos sobre suas brincadeiras, explorações ou passeios fora da escola. O adulto pode atuar como escriba se a criança não estiver confortável ou pronta para começar a fazer rabiscos ou formar palavras, mas ele não deve assumir o conteúdo. O ponto central dos livros de chão é que o conteúdo representa o que é importante para as crianças. Esse conteúdo explícito — e também aquele que não está presente — nos diz muito sobre como as crianças estão vivenciando e interpretando suas experiências no mundo.

Alguns professores disponibilizam mais de um livro de chão durante as brincadeiras, e outros preferem reservar um tempo específico para o uso deles. Por exemplo, pode fazer sentido disponibilizá-los no final de uma manhã ou tarde movimentada. O momento de usá-los depende inteiramente das rotinas e intenções dos educadores. No entanto, quando os livros de chão se tornam uma parte consistente do dia, as crianças se acostumam com a ideia de representar a perspectiva delas sobre o que aconteceu e ficam ansiosas para usá-los.

"Talking and Thinking Floorbooks", por Claire Warden
www.youtube.com/watch?v=yw9yhjOpnko

DOCUMENTAÇÃO QUE EVOLUI DE "BRUTA" PARA POLIDA

Uma maneira simples de colher contribuições das crianças é reunir aquelas que estão participando de uma investigação ou envolvidas em uma grande ideia de brincadeira e perguntar a elas sobre isso. O educador pode escrever os pensamentos delas, de modo geral, e depois usá-los como base para uma documentação futura. Foi o que aconteceu na Yew Chung International School, em Hong Kong.

A educadora Brianna usou várias abordagens para expor a aprendizagem de crianças de 3 e 4 anos. Com as de 3 anos, por exemplo, Brianna diz que "começou fazendo uma pergunta e escrevendo as ideias das crianças". Elas se envolveram com tópicos que as interessavam por meio de mini-debates, desenhos e rabiscos. Brianna apresentou várias fotografias das brincadeiras e explorações para que as crianças reagissem a elas.

Com as crianças um pouco mais velhas, ela usou algumas das mesmas abordagens, mas também incluiu o uso da documentação para inspirar as investigações. Quando, por exemplo, as crianças responderam às fotografias de fenômenos interessantes, Brianna e sua equipe escreveram as observações das crianças e adicionaram suas produções artísticas, tornando a documentação uma rica representação de sua jornada de aprendizagem. Ela explica: "Essas documentações geralmente não ficam muito bonitas e nunca são 100% feitas pelos professores, costumam ser confusas e cheias de rabiscos das crianças". De documentação em estado bruto elas vão se tornando, em um processo dialógico, em relatos polidos, como pedras preciosas.

A investigação e a documentação das crianças sobre fenômenos climáticos começaram quando uma delas fez muitas perguntas sobre tornados e, posteriormente, leu um livro sobre eles, o que atraiu outras crianças para a investigação. Brianna explica: "Nós tivemos um tufão em Hong Kong, o que inspirou muitas dúvidas e comparações entre tufões e tornados. Isso então iniciou toda uma discussão sobre qual fenômeno climático era o mais forte".

Podemos ver pelos comentários de Brianna que a documentação nessa sala é centrada na criança, uma colaboração entre adultos e crianças. Ela é autêntica, pois torna visível onde as crianças estão em suas teorias e representações provisórias. Ela não é limpa, arrumada e bonita, algo que muitas vezes aspiramos, mas um vislumbre real e genuíno de como a investigação se desenrola e como a sala funciona.

CONVITE A EXPLORAR

- Como a documentação "bruta" pode ajudar na sua jornada geral de documentação?
- Quais formas de documentação "bruta" se encaixariam melhor no seu dia, tanto do seu ponto de vista quanto do das crianças?
- Tente registrar um dia na sala apenas com anotações e esboços simples. Qual é o resultado? O que você percebe no que você escreveu e desenhou?
- Experimente documentar *com* uma criança. Escolha algumas fotos da criança brincando e convide-a para contar o que estava acontecendo. Anote o que ela está dizendo enquanto ela fala, certificando-se de respeitar e escrever as próprias palavras da criança. Faça uma montagem da transcrição e das fotos juntas em uma página de documentação e leia-a para a criança. Como ela responde?

DOCUMENTAÇÃO DIGITAL

A tecnologia digital se desenvolveu em um ritmo surpreendente nas últimas duas décadas, a ponto de às vezes parecer que não vamos mais conseguir administrar nossa vida sem ela. Há tantas tecnologias para ajudar os educadores a criarem a documentação pedagógica que leva tempo, pesquisa e *networking* com os colegas até mesmo para descobrir todas as tarefas que elas podem fazer por nós. Usar a tecnologia para criar e compartilhar documentações tem vantagens e desvantagens. Neste capítulo, examinaremos ambas.

OS PRÓS

Quais são as vantagens da documentação eletrônica? Os profissionais que usam meios digitais para fazer a documentação geralmente gostam da velocidade e da eficiência dessa abordagem. Não há dúvidas de que encontrar tempo para fazer uma documentação é um problema para todos os educadores. Além disso, eles acham que às vezes há uma melhor comunicação com as famílias com esse método. Vamos examinar como a tecnologia digital pode ajudar os professores com a documentação pedagógica.

Otimização do processo de documentação

De todos os obstáculos que os educadores enfrentam ao tentar documentar a produção das crianças, encontrar tempo talvez seja o mais desafiador. Entre os professores com quem trabalho e apoio por meio da formação docente e desenvolvimento profissional, os mesmos comentários e perguntas surgem repetidas vezes em aulas, *workshops* e consultorias: "Eu consigo ver o valor disso, mas como vou encontrar tempo para fazê-lo?" e "Eu não tenho tempo de planejamento fora da sala, então como vou encaixar a reflexão e a documentação no meu dia?".

Ao contrário da maioria dos educadores de crianças mais velhas, muitos professores da educação infantil não têm tempo de preparação de aulas ou horas remuneradas reservadas apenas para planejamento, reflexão e documentação. De todos os apoios que os gestores e supervisores poderiam oferecer aos seus professores, o tempo para pensar e documentar é um dos mais valiosos — mas também um dos mais difíceis de fornecer. Então, como a tecnologia pode ajudar?

Muitos aplicativos nos permitem tirar fotografias e fazer anotações enquanto observamos as crianças, tanto em ambientes internos quanto externos. Por exemplo, aplicativos como o Storypark ou o Educa instalados em um *smartphone* ou *tablet* nos permitem digitar anotações, adicionar uma foto ou um vídeo curto e salvar nosso trabalho em um arquivo designado para uma criança ou sala específica. Podemos então editar ou expandir essas anotações conforme necessário e imprimi-las como pequenas partes de uma documentação. Esses aplicativos estão constantemente evoluindo. Na época da publicação deste livro, por exemplo, o Storypark incluía um modo seguro para crianças que permitia que elas visualizassem e refletissem sobre seu próprio aprendizado.

Para sermos ainda mais rápidos, podemos usar um *software* de voz para texto. Esse tipo de *software* converte a linguagem falada em linguagem escrita, eliminando a necessidade de digitar. Esses tipos de recurso às vezes interpretam mal o que foi dito, com resultados surpreendentes ou hilários, então, nesse caso, uma edição diligente do conteúdo é vital. No entanto, os *softwares* de voz para texto estão cada vez mais inteligentes. Por exemplo, a maioria usa o reconhecimento de fala inteligente e aprende com seus padrões de fala anteriores.

Donna Stapleton, diretora executiva do Small World Learning Centre em Bridgewater, Nova Escócia, adotou a documentação digital há algum tempo. Ela fez essa mudança depois de ficar em dúvida sobre como ajudar sua equipe a resolver o problema de não ter o tempo adequado para documentação. A seguir, está a descrição da transição feita por ela.

No passado, nós usávamos câmeras digitais e computadores, e isso levava muito tempo (fins de semana, noites, horários de almoço). Eu vi o valor dos portfólios e da documentação, mas também o estresse de realizar esse trabalho com eficiência, então me perguntei o que poderíamos fazer de diferente. Uma profissional da nossa equipe e o marido dela são usuários de Mac. Eles responderam a muitas das nossas perguntas e nos mostraram o que era possível ser feito.

Agora cada professor tem um iPad mini, e ainda estamos aprendendo sobre esses dispositivos. Passamos cerca de dez minutos de nossa reunião de equipe mensal sobre currículo compartilhando o que aprendemos, perguntando como fazer certas coisas e trabalhando juntos nessa transição. Essa cooperação é de grande ajuda, e nosso conhecimento está crescendo.

> Com os iPads mini, a equipe pode tirar fotos, gravar vídeos ou gravar áudios do que está acontecendo na hora. Durante a hora da soneca, os membros da equipe abrem um documento do Pages, montam as caixas de foto e texto e rapidamente arrumam o tamanho dos itens com alguns toques. Os profissionais escrevem ou gravam sua documentação. Alguns funcionários ainda fazem anotações escritas à mão também.
> Nas revisões feitas em equipe, todos os membros disseram que conseguiram criar portfólios e documentações durante o dia de trabalho (na hora do almoço ou quando as coisas estão mais calmas, bem como com as crianças), em vez de levar esse tipo de trabalho para casa.
> Este mês, nossa equipe se reunirá com os pais para conversas regulares entre pais e professores. Explicaremos que, em breve, começaremos a enviar as páginas do portfólio das crianças para eles eletronicamente todos os meses. A equipe também pode incluir fotos extras para pais específicos, conforme necessário. Esse processo dará às famílias um ótimo recurso para entender no que seus filhos estão trabalhando.

Donna e eu discutimos como o uso de documentação mudou ao longo do tempo e como os formatos digitais facilitaram a mudança. Donna me disse que os educadores do Small World se adaptaram ao uso de documentação digital e trocaram seus *tablets* para versões mais atualizadas. Eles têm diferentes níveis de habilidade com a documentação, como acontece em todos os lugares, mas Donna relata que, em geral, todos usam seus *tablets* para desenvolver documentações como equipes ou individualmente. Eles também são capazes de conectar suas observações da sala, em ambientes internos ou externos, às metas e aos objetivos das diretrizes locais sobre a estrutura de aprendizagem para a educação infantil.

Recentemente, os educadores começaram a enviar a documentação não apenas às famílias, mas também uns aos outros, à diretoria e até mesmo a educadores de outros lugares. Essa mudança no compartilhamento de documentações significa que todos nessa comunidade de aprendizagem agora estão cientes do que está acontecendo nas salas. A esperança de Donna é que, por fim, a documentação também inclua por quais motivos o evento mostrado é importante e quais ações o educador decidiu tomar em resposta, deixando claro para todos como a proposta pedagógica está se desenvolvendo ao longo do tempo à medida que os educadores observam e respondem intencionalmente.

A ideia de enviar a documentação para outros educadores deve ser destacada. Muitas vezes, a menos que a documentação seja compartilhada em uma reunião de equipe (o que acontece no Small World), os educadores não ficam sabendo da reflexão, das ações ou dos processos e trajetos curriculares em outras salas. No entanto, quando sabemos o que outros professores estão fazendo, podemos apoiá-los fazendo perguntas, oferecendo informações e refletindo juntos. Ao olhar para a documentação de outra pessoa, por exemplo, Donna relata que muitas vezes ouve uma pessoa comentando com outra: "Eu gostaria de saber mais sobre..." ou "Estou me perguntando se...". E às vezes as próprias pessoas que fizeram a documentação têm dúvidas sobre algo com o que estão tendo dificuldades. Em apoio a esse trabalho, Donna contratou Liz Hicks — uma consultora pedagógica especializada em ajudar educadores em sua prática — para revisar a documentação e participar de reuniões por meio do Zoom. Liz oferece perguntas, *feedback* e críticas de uma perspectiva externa.

Peixinho no aquário

Hussein estava na mesa de artes e decidiu que ia desenhar o peixe do aquário. Ele olhou para o peixe para ver exatamente como ele era e para saber exatamente o que precisaria para desenhá-lo. Depois de uma análise minuciosa, Hussein pegou um papel marrom e um lápis. Depois de se sentar para começar seu desenho, ele disse: "Eu preciso de um giz de cera laranja". Ele pegou o giz de cera e continuou desenhando. Depois, ele parou por um momento e perguntou: "Eu preciso fazer essa parte, Rhonda? Eu a fiz, mas esqueci como era o rabo". Ele se virou e se sentou do lado do aquário e ficou observando o rabo do peixe enquanto o desenhava. Após terminar o desenho, Hussein recortou o seu peixe e sorriu enquanto o grudava do lado de fora do aquário. Ele não se apressou e mostrou muita concentração durante esse processo.

Small World Learning Centre
Rhonda Smith
25 de setembro de 2013

(Continua)

> Ao refletir sobre essa primeira documentação (eletrônica), naquele momento, pensei em tentar descobrir se era o próprio peixe que interessava a H. ou o processo de representá-lo. Como foi possível descobrir? Considerei adicionar itens "reais" para representação na área de artes como um convite. Itens como materiais naturais ou impressões de pinturas poderiam provocar uma resposta em H.? Ou será que H. ficaria interessado em fazer uma representação tridimensional do peixe, talvez com argila? Os desenhos de H. estavam se desenvolvendo além das simples formas básicas. Ele estava olhando cuidadosamente para todas as partes do peixe e adicionando detalhes. Enquanto observava o peixe com atenção, ele apontava várias partes dele, e então se lembrava dessas partes na hora de desenhá-lo.

O que vemos aqui é que, embora a documentação tenha sido produzida de forma rápida e eletrônica, ela ainda proporcionou uma oportunidade de revisitar e examinar o processo de H., se perguntar sobre o que estava acontecendo com ele, levantar algumas questões e considerar os próximos passos.

Incentivando a equipe no processo de documentação

Quando conversei com gestores sobre como envolver suas equipes no processo de documentação, eles relataram que às vezes encontram resistência, principalmente por causa da falta de tempo.

Para professores que estão relutantes em assumir esse trabalho, alguns gestores acham que os aplicativos para documentação são um bom ponto de partida. Já que os membros mais jovens das equipes provavelmente cresceram junto com a tecnologia digital, essa abordagem é confortável para eles. Eles estão dispostos a explorar a tecnologia até entender o funcionamento dela e conseguir atingir seus objetivos de documentação de forma eficiente.

Os educadores e filósofos David e Frances Hawkins propuseram a ideia de que as crianças aprendem muito ao mexer com materiais científicos e da natureza porque esse tipo de atividade envolve a curiosidade natural delas. Eu acredito que os adultos podem colher os mesmos benefícios, em termos de entendimentos e descobertas, ao mexer e experimentar coisas. A teoria das peças soltas do arquiteto Simon Nicholson (1971, p. 30) sugere os mesmos benefícios com materiais de uso livre: "Em qualquer ambiente, tanto o grau de inventividade e criatividade quanto a possibilidade de descoberta são diretamente proporcionais ao número e tipo de variáveis nele".

Eu acredito que os adultos precisam fazer esse mesmo tipo de experimentação quando estão explorando qualquer nova ideia ou abordagem para que eles entendam e se sintam confortáveis com todas as variáveis e possibilidades. A tecnologia digital se encaixa bem nessa ideia. Meus estagiários de educação infantil, por exemplo, me ensinaram muito sobre documentação eletrônica com a descontração deles ao lidar com as tecnologias. Eles mexem, compartilham, experimentam e criam maneiras inovadoras de resolver pequenas falhas, além de maneiras criativas de apresentar as produções das crianças. Essa experimentação atrai a curiosidade deles, o que os motiva a explorar ainda mais.

Compartilhamento eficiente com as famílias

Quando os educadores enviam para casa cópias impressas de notícias da sala, comentários de progresso, documentações, etc., muitos descobrem mais tarde que o trabalho deles não foi lido. Isso é desanimador, porque os professores dedicam muito tempo e reflexão a esse trabalho com o propósito de compartilhá-lo com as famílias. Em contrapartida, relatam que quando o trabalho é enviado para casa eletronicamente, muitas vezes ele é lido em *smartphones* e *tablets*, melhorando a comunicação entre a escola e as famílias.

Parte das escolas, na verdade, agora envia apenas documentos eletrônicos, e as famílias os imprimem quando querem cópias físicas. Para os pais que viajam a trabalho, para famílias de militares que são separadas devido a demandas de serviço e em muitas outras circunstâncias, a documentação pedagógica em formato eletrônico é a única maneira eficiente de compartilhamento. Nessas situações, muitas vezes ouvimos de membros das famílias que ficam muito felizes em serem incluídos na vida escolar de seus filhos.

Oportunidades de *design*

Mesmo que você não se considere particularmente criativo ou conhecedor das artes visuais, a tecnologia digital pode ajudá-lo a produzir *layouts* criativos limpos, organizados e com aparência profissional. Uma das abordagens mais simples é usar um programa como o Microsoft PowerPoint para produzir páginas para portfólios, páginas únicas para momentos extraordinários ou uma série de páginas a serem apresentadas juntas em painéis. O PowerPoint é tão simples de usar que muitas pessoas não precisam nem de instruções. Em vez disso, elas simplesmente abrem e exploram o programa, seguindo sua intuição, até obter os resultados desejados. Se tentativa e erro não funcionar, um simples tutorial ou *workshop* geralmente é tudo o que é preciso para se tornar eficiente com o PowerPoint e suas muitas possibilidades. O PowerPoint fornece modelos de *designs*, planos de fundo, fontes, bordas e muito mais.

Esta imagem mostra um exemplo de uma página de um livro de documentações. A página do PowerPoint demonstra um *design* simples, com as bordas do texto e da foto alinhadas e bordas suaves que se misturam à cor do *design* gráfico.

Documentação pedagógica **119**

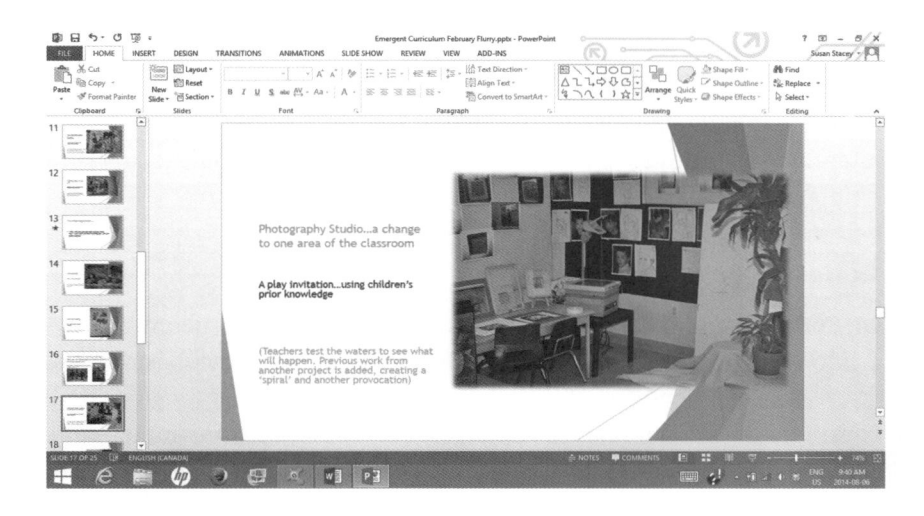

O PowerPoint também oferece opções de edição de fotos, como redimensionamento, desvanecimento de bordas, movimentação de fotos pela página, e assim por diante. No meu próprio trabalho, o PowerPoint forneceu uma maneira simples, rápida e eficaz de criar uma página todos os dias para o nosso diário.

Várias páginas criadas com o PowerPoint são unidas para revisitar a história de um projeto com as crianças.

O Microsoft Publisher também é uma boa alternativa para a produção de documentação. Uma de suas vantagens, em particular, é que simplifica encontrar, usar e salvar fotografias em diferentes documentos, bem como manipular imagens para atender às suas necessidades.

Aplicativos como o Prezi foram apresentados a mim pela primeira vez por alunos e *designers* gráficos. Eles permitem que o leitor clique em uma fotografia e a coloque em movimento ou veja o texto por trás dela. Esses tipos de aplicativos permitem que as famílias expandam o que interessa a elas ou descubram mais sobre uma parte específica de uma documentação.

QR Codes na documentação

Um QR Code fornece um *link* para um *site* ou para um arquivo encontrado *on-line*. Ele é lido com nossos *smartphones* e nos leva a informações básicas, vídeos, artigos, livros, etc. Você deve ter notado alguns QR Codes ao longo deste livro. Ao tentar manter a documentação pedagógica concisa, às vezes somos confrontados com o desafio de decidir quais informações básicas incluir, mesmo quando precisamos fornecer contexto para o leitor entender o todo e por que o trabalho documentado é importante. Os QR Codes podem ajudar nessa situação, e por isso alguns educadores começaram a incluí-los em suas documentações. O Goodstart Red Hill, em Melbourne, na Austrália, por exemplo, começou a usar QR Codes para dar às famílias acesso a vídeos, histórias por trás de ações, entre outros materiais, postados na página do Facebook da instituição. Aqui está o QR Code deles.

Goodstart Early Learning
www.facebook.com/goodstartelredhill

OS CONTRAS

Como uma abordagem acessível, moderna e divertida de usar pode ter alguma desvantagem? Vamos parar por um momento para lembrar o significado e o propósito da documentação pedagógica, conforme descrito nos capítulos anteriores.

- Ela conta a história da aprendizagem, discutindo as ideias e as teorias das crianças e tornando-as visíveis.
- Ela pode ser facilmente compartilhada com as próprias crianças.
- Ela exige que os educadores reflitam e considerem cuidadosamente o que foi importante para todas as crianças envolvidas no evento.
- Ela oferece aos professores a oportunidade de aprender a pensar profundamente sobre o significado das produções ou das palavras das crianças, o que se

pode dizer sobre elas, como apresentar esses pensamentos aos outros e como eles podem responder para apoiar mais explorações e aprendizados. Além disso, as questões que surgem sobre o pensamento das crianças muitas vezes levam a uma curiosidade aprofundada sobre o evento, o que, por sua vez, leva a novas pesquisas dos professores.

Apressando o processo

Com a documentação eletrônica, podemos produzir — e muitas vezes produzimos — o trabalho rapidamente. Afinal, a velocidade é o motivo pelo qual muitas pessoas usam a tecnologia digital em primeiro lugar. No entanto, lembre-se de que a velocidade nem sempre conduz à reflexão — aquela pausa fundamental durante a qual encontramos significado na produção de uma criança e tentamos expressar por que ela é importante. Fazer uma documentação digital imediatamente pode trazer uma maior quantidade de documentações, mas é preciso manter a qualidade dos trabalhos.

Para isso, seja cauteloso e lembre-se do porquê você está produzindo a documentação em primeiro lugar. Faça a si mesmo as seguintes perguntas sempre que estiver produzindo uma documentação digital rápida:

- Devo incluir traços das ideias, pensamentos e perguntas das crianças? Mesmo nas menores documentações, esses traços dão e adicionam contexto à documentação.
- Tirei um tempo para pensar o que o evento em questão significa? Capturei um momento de inspiração, o longo período de tentativa e erro ou a alegria da descoberta? Consegui expressar isso de forma articulada para o leitor ou espectador?
- O "pensamento do professor" ficou evidente? Quais são as suas perguntas? O que perguntei? A que tipo de pesquisa esse evento leva?

Privacidade

Muitos de nós aprendemos da maneira mais difícil que, quando compartilhamos informações eletronicamente, não podemos esperar privacidade. *E-mails* podem ser extraviados, as pessoas compartilham senhas e páginas da *web* podem ser *hackeadas*. Portanto, precisamos discutir com as famílias como podemos proteger a privacidade delas e a privacidade das crianças. Devemos decidir o que será público e o que será privado e, em seguida, nos esforçar para construir e manter esses limites.

COMPARTILHAMENTO DE DOCUMENTAÇÕES PELAS REDES SOCIAIS

Depois de considerarmos e abordarmos cuidadosamente nossas preocupações sobre privacidade e termos permissões dos familiares em mãos, podemos nos encontrar em uma posição de compartilhar parte de nossa documentação por meio de redes sociais, como Facebook ou Instagram. Algumas pessoas usam esses *sites*, em um primeiro momento, de maneira puramente social, mas depois desenvolvem páginas profissionais nas quais não compartilham informações pessoais e nas quais suas mensagens pertencem apenas ao lado profissional de sua vida. Uma coleção profissional do Pinterest voltada para a educação infantil, por exemplo, pode conter apenas quadros relacionados a educação das crianças, documentações pedagógicas, provocações e convites, publicações interessantes, ambientes de aprendizagem, etc. Ao examinar coleções assim, é fácil verificar a filosofia e a perspectiva de seus criadores e explorar mais a fundo entrando em *sites* relacionados que inspiraram essas pessoas.

É animador pensar nas oportunidades de compartilhamento que as mídias sociais oferecem. Para um professor, a principal vantagem desse compartilhamento é a chance de aprender com outros professores. Podemos nos inspirar no texto que alguém usou para descrever a produção das crianças ou no *design* gráfico usado para ilustrar um evento. Quando encontramos uma pessoa ou um ambiente de educação infantil cujas produções nos animam e nos inspiram, podemos continuar acompanhando o trabalho dessa pessoa. Por exemplo, descobri uma documentação impressionante em um *blog*, entrei em contato com as pessoas que a criaram e as convidei para conversar e saber mais sobre seus esforços. Alguns de seus trabalhos aparecem neste livro. Também podemos acompanhar colegas cujo trabalho admiramos, mas cuja localização impede o contato presencial.

No *blog Technology Rich Inquiry Based Research*, as educadoras canadenses Diane Kashin e Louise Jupp compartilham as suas opiniões sobre esse tipo de compartilhamento pelas redes sociais. No artigo "The Three Stages of Curation", elas sugerem que essas etapas são coletar e agrupar, condensar e contextualizar e, por fim, criar e criticar. As autoras dizem que:

> [...] quando a curadoria digital é usada como um processo de pesquisa de aprendizagem profissional, a segunda etapa da curadoria precisa ser considerada. Ela nos ajuda a considerar a necessidade de condensar *e* contextualizar. Nessa etapa da pesquisa, nosso processo de pensamento envolve a consideração de como podemos agregar valor aos nossos dados de pesquisa digital (Kashin; Jupp, 2013b, tradução nossa).

Kashin e Jupp (2013b) sugerem que a etapa final — criação e crítica — é desafiadora e gratificante. Elas dizem que "os princípios do 'tornar a aprendizagem visível' servem como guia nesse caso. Diane [Kashin] e eu consideramos cuidadosamente, em conversas uma com a outra, as imagens que postamos em nosso *blog*, as citações que usamos e os *insights* que oferecemos. Nossa página no Facebook é uma ferramenta pública de mídia social que utilizamos para estimular a participação da comunidade em nossa pesquisa. . . [Ela] tem provocações para estimular comentários. Em uma escala maior, o desenvolvimento de um *blog* cria contexto" (Kashin; Jupp, 2013b, tradução nossa).

São várias as redes profissionais disponíveis *on-line*. Nós simplesmente temos que procurar e encontrar a certa para nossas próprias circunstâncias, filosofias e crenças e fazer conexões. Essas conexões podem estar na cidade ao lado ou do outro lado do mundo. Essa capacidade de compartilhar ideias com qualquer pessoa em qualquer lugar é uma das grandes alegrias do *networking* digital.

DESENVOLVENDO UM *SITE* OU *BLOG*

Para compartilhar suas documentações e outros aspectos do seu trabalho de forma mais completa, considere criar um *site* ou *blog* profissional. Muitas plataformas *on-line* orientam os usuários na criação de seus próprios *sites* ou *blogs* e são acessíveis, fáceis de usar e de baixo custo (muitas vezes, gratuitas). Elas são uma escolha comum para muitas escolas e profissionais da educação infantil.

Criando um *blog* profissional

Se você estiver usando um *blog* para compartilhar seus trabalhos, ele pode incluir documentações que expliquem aspectos como:

- a ideia original para a produção das crianças;
- como o trabalho se desenrolou;
- o que as crianças tinham a dizer sobre a produção ou, para crianças não verbais, como elas interagiam com materiais, outras crianças e adultos;
- como esse trabalho afetou seu próprio pensamento ou prática de ensino e que perguntas ele levantou para você.

Um dos aspectos mais interessantes dos *blogs* é que podemos permitir que os leitores publiquem comentários em resposta ao nosso trabalho. Dessa forma, o diálogo evolui entre nós e nossos leitores. A aprendizagem ocorre dos dois lados dessa conversa.

Para criar seu próprio *blog*, faça um plano que permita que você crie um *blog* de alta qualidade com o tempo que tiver. O que torna um *blog* de alta qualidade? Discuti isso com educadores que seguem certos *blogs* de ensino na educação infantil que falam de documentações e investigações. Esses educadores trouxeram os pontos a seguir.

- Ver fotografias de produções deslumbrantes de crianças não nos ajuda a crescer ou a refletir se não entendermos o contexto, as ideias das crianças ou o pensamento dos professores sobre os eventos que se desenrolaram. Portanto, um bom *blog* descreverá, por meio do compartilhamento de documentações, o significado por trás do material compartilhado.
- Um *blog* de alta qualidade é atualizado regularmente. Cada vez que os leitores entram nele, encontram algo novo para explorar.
- Um bom *blog* é fácil de ser navegado. As informações são devidamente rotuladas com títulos, e o *blog* é projetado para ser claro e agradável de ser visto. Ele atrai o leitor.

Com tempo e exploração suficientes, você provavelmente encontrará seus *blogs* favoritos. Talvez você siga a jornada das investigações e documentações de um professor e ela se relacione com suas próprias experiências. Ou talvez a documentação de um professor seja parecida com a de momentos com as crianças nos quais você se envolveu, teve dificuldades ou aspirou alcançar. Seja qual for o motivo do seu interesse, você pode salvar esses *blogs* nos favoritos ou se inscrever para receber atualizações para ter acesso fácil e regular às informações. Com o tempo, um relacionamento pode se formar entre você, o blogueiro e os outros leitores do *blog*.

No momento desta publicação, alguns dos meus *blogs* favoritos incluem:

- *The Curious Kindergarten* (https://thecuriouskindergarten.blog/tag/reggio-inspired)
- *Blog* da Debi Keyte-Hartland (https://debikeytehartland.com/blog/)
- *Fairy Dust Teaching* (https://fairydustteaching.com/blog)
- *Interaction Imagination* (www.interactionimagination.com/blog-1)
- *The Spoke* (http://thespoke.earlychildhoodaustralia.org.au/leading-play-based-pedagogies)
- *Technology Rich Inquiry Based Research* (https://tecribresearch.wordpress.com)

Qual a diferença entre um *site* e um *blog*?

Um *blog* é um tipo de revista, com o blogueiro como editor, e oferece a oportunidade de publicar artigos frequentes sobre tópicos em constante mudança e receber respostas a esses artigos. Tal como acontece com os *sites*, os mecanismos de pesquisa rastrearão seu *blog* regularmente para ajudar os leitores em potencial a encontrar material atualizado. Os *blogs* são baratos ou gratuitos para produzir, embora possam exigir muito tempo para serem mantidos. Como blogueiro, você pode apresentar seu trabalho informalmente, se quiser.

Os *sites*, por outro lado, são mais como vitrines digitais. As páginas mais importantes de um *site* são praticamente permanentes. Por exemplo, as páginas principais de um *site* sobre educação infantil podem conter informações básicas sobre o proprietário do *site*, seu trabalho e a filosofia dessa pessoa. Outras páginas do *site* podem incluir um *blog* ou ser alteradas mais facilmente.

A escolha da plataforma digital que você usará para compartilhar seu trabalho, especialmente sua documentação, dependerá de vários fatores:

- O tempo que você tem disponível para manter e atualizar o trabalho: ambos precisam de atualizações frequentes para que os mecanismos de busca os mostrem quando um leitor estiver procurando informações específicas. No entanto, os seguidores de *blogs* tendem a esperar atualizações regulares e frequentes.

- Se você está compartilhando seu trabalho no seu contexto de ensino na educação infantil, pode querer criar um *site* para compartilhar informações permanentes sobre o seu ambiente ou uma filosofia e incorporar um *blog* dentro desse *site* para compartilhar as mudanças das documentações sobre o trabalho no projeto.

- Quanto dinheiro seu orçamento permite que você gaste? Os preços de *designers* de *sites* variam bastante. Você pode, é claro, fazer o *design* de seu próprio *site* se for confiante tecnologicamente para isso.

- Quantidade de informação que você deseja postar: um *site* pode ser projetado para lidar com muitas páginas de fotografias, gráficos e texto porque é criado para atender às suas necessidades específicas. Os *blogs* variam em capacidade, por isso é importante investigar quanta informação um *blog* pode conter antes de se comprometer com ele.

A *designer* de *sites* Belinda Naugler Adams me ofereceu o seguinte conselho: "Um orçamento apertado é muitas vezes o principal fator que leva as pessoas a considerarem uma opção de 'monte seu próprio *site*'. Embora essa opção pareça atraente no início, um *designer* profissional entenderá como criar seu *site* usando uma ampla variedade de práticas recomendadas e estratégias comprovadas para garantir que ele tenha o desempenho pretendido e apareça bastante nas pesquisas para que você tenha o máximo de sucesso possível *on-line*. No clima de negócios atual, presença *on-line* é uma parte vital de qualquer negócio. Confiar sua presença *on-line* a um *site* mal projetado e ineficaz é uma receita para o fracasso. Seu *site* deve ser tão profissional quanto você".

CONVITE A EXPLORAR

- Produza uma pequena documentação usando um aplicativo de documentação pedagógica. Compare o resultado com uma documentação que você produziu de maneira mais tradicional, por exemplo, em um painel ou página impressa. Quais são as diferenças e semelhanças entre as duas? Quais são os pontos fortes e os desafios de cada abordagem?
- Pesquise e explore *blogs* que compartilhem documentações relacionadas à sua filosofia. Pense criticamente sobre o conteúdo. Quais são os pontos fortes desses *blogs*? Quais são os pontos fracos? De que maneiras eles podem apoiar sua prática?

TORNANDO VISÍVEL NOSSO CONHECIMENTO PROFISSIONAL POR MEIO DA DOCUMENTAÇÃO PEDAGÓGICA

Como profissionais, nós, educadores da educação infantil, sabemos muito sobre as crianças e como elas aprendem. Muitos profissionais fizeram graduação, outros ganharam experiência nas salas e mais tarde fizeram alguma qualificação, e todos se comprometeram com uma aprendizagem contínua ao longo da vida. Educadores iniciantes, que estão apenas embarcando em sua própria jornada de aprendizagem, beneficiam-se de seus mentores e professores. Não importa o nosso caminho, passamos muito tempo refletindo sobre a aprendizagem das crianças, mas, talvez, não gastemos tanto tempo examinando nosso próprio aprendizado. Kim Atkinson (2012, p. 3) nos lembra que documentar "[...] é apenas uma parte de uma mudança no pensamento sobre a imagem da criança, o papel do educador e como as crianças constroem o conhecimento. A reflexão crítica é um ponto crucial nessa mudança".

As *Diretrizes de aprendizagem da educação infantil* da British Columbia (2019, p. 49, tradução nossa) explicam que

> Refletir criticamente envolve pensar cuidadosa e metodicamente sobre crenças fundamentais, com o objetivo de entender melhor as várias forças culturais, sociais, materiais e históricas que moldam nosso senso de nós mesmos e dos outros e de como vemos o mundo. A reflexão crítica é um processo individual e coletivo que inclui o diálogo com colegas, bem como com a comunidade em geral.

Quando consideramos essa citação, podemos nos perguntar como a documentação pode apoiar o importante objetivo de pensar criticamente sobre nosso próprio trabalho. Como ela torna visível nosso conhecimento profissional?

Quando deixamos de simplesmente contar a história do que aconteceu e incluímos em nossa documentação uma interpretação do motivo pelo qual esse evento é importante, estamos compartilhando nosso conhecimento profissional. Quando explicamos o processo que vivenciamos, desde as observações iniciais até a reflexão e a explanação, estamos compartilhando não apenas nosso conhecimento, mas também como ele se traduz na prática. E quando compartilhamos dessa maneira, damos aos outros a chance de entrar em nossa profissão por um curto período, entender a profundidade do pensamento e do cuidado envolvidos e dialogar conosco por meio de curiosidade e de perguntas. Margie Cooper (2015, p. 27, tradução nossa) comenta sobre o benefício de compartilhar nosso trabalho:

> Agradecemos quando as escolas têm a coragem — não importa em que altura elas estejam da jornada de se tornarem uma escola — de abrir suas portas e mostrar aos outros o interior delas, as ideias em que estão trabalhando e as maneiras pelas quais estão enfrentando seus problemas. Este é um ato de troca forte, essencial e crucial para construir nossa capacidade coletiva.

Embora nem sempre seja possível deixar os outros entrarem fisicamente em nossas escolas, por meio da documentação, podemos mostrar a eles o interior de nossa prática e colaborações com as crianças, ajudando-os a entender como nosso ambiente funciona. Observe que Margie Cooper (2015) se refere às maneiras pelas quais elas estão enfrentando seus problemas. Compartilhar nossas perguntas em nossas documentações oferece a oportunidade de troca com outras pessoas, convidando à contribuição e ao diálogo. Isso também é uma forma de aprendizagem profissional.

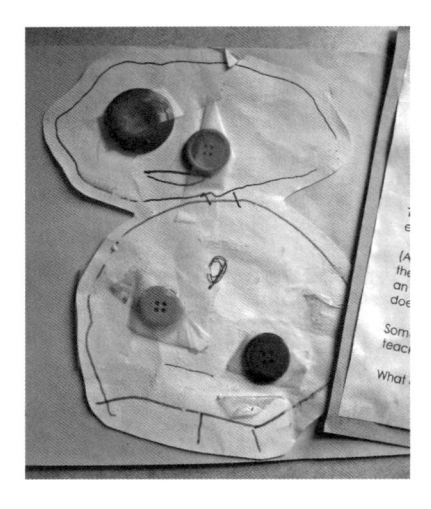

Como se parece uma documentação desse tipo? Aqui está uma imagem aparentemente simples produzida por uma criança de 4 anos. Ela desenhou um bebê e cobriu os círculos no rosto (olhos) com botões. O educador se pergunta em voz alta sobre os botões, e a criança responde: "Quando você tira os botões, ela consegue ver".

Muitas perguntas surgem para os educadores. Como a criança entende a visão? Quais são as experiências dela com óculos? Ela já pensou sobre as pálpebras? Essas perguntas são o caminho para respostas ponderadas e conversas adicionais sobre o que os outros podem ver através de seus olhos.

DOCUMENTAÇÃO COMO PROCESSO, NÃO COMO PRODUTO

Quando documentamos, às vezes acabamos com um produto para compartilhar: um painel ou artefato em um corredor para as famílias examinarem, um documento digital para enviar para casa ou uma documentação profissional para compartilhar em uma conferência ou *workshop*. Embora esse compartilhamento de fotos, artefatos e texto valha a pena, ele não é a única maneira de usar a documentação. E se considerássemos nossa documentação como pedagógica, como uma ferramenta de aprendizagem para nós mesmos como educadores? E se o processo se tornasse uma forma de aprendizado profissional diário, e se, por vezes, nosso foco fosse esse processo, em vez do produto? Já ponderamos bastante a abordagem processo *versus* produto em termos de aprendizagem das crianças, e também podemos aplicá-la a nós mesmos. A partir da documentação pedagógica, podemos aprender não apenas sobre as crianças, mas também sobre nossas próprias práticas. Quando refletimos e estudamos nossa documentação, nós nos desenvolvemos.

Debi Keyte-Hartland ([202-?], tradução nossa), uma pedagoga e artista britânica que trabalha com educadores de todo o mundo, fala sobre aprender com a documentação em uma entrevista com Jessica Horne-Kennedy: "O processo de documentação pedagógica pode ser aplicado a quase tudo o que fazemos, mas deve ter em seu cerne um senso de pesquisa, ou um desejo nosso de aprender mais sobre a aprendizagem das crianças e sobre o efeito de nossa ação sobre ela".

Aprender sobre nossa participação na aprendizagem das crianças é fundamental. Em uma sala cooperativa, onde a aprendizagem é baseada em investigação, a documentação deve fazer parte dessa colaboração, com todos os protagonistas assumindo o papel de aprendiz, incluindo os professores.

A seguir, veremos algumas maneiras pelas quais a documentação pode se tornar uma ferramenta para a aprendizagem profissional.

REEXAMINANDO O "PORQUÊ" DA DOCUMENTAÇÃO

Saber o motivo de uma determinada documentação, ou o "porquê" documentar em geral, é um passo importante na jornada da prática reflexiva. Se alguém ler uma parte da sua documentação e perguntar por que você escolheu o evento específico para ser compartilhado, você seria capaz de articular seu raciocínio? O que é importante para você dentro da documentação e por quê?

Quando documentamos, estamos nos referindo à aprendizagem que acontece nas brincadeiras das crianças, às suas estratégias para dar vida às suas ideias, às suas negociações com pessoas e materiais e às suas interações com as pessoas e com o ambiente. Nós tentamos dar visibilidade ao aprendizado e às ideias das crianças. E, como afirma Mara Krechevsky (2020, tradução nossa), em uma entrevista com Louisa Penfold, documentamos "a fim de aprofundar a aprendizagem". Ela continua:

> Às vezes, a documentação é confundida com exposição, mas uma diferença entre a documentação e a exposição é que a exposição se concentra no que você *fez*, enquanto a documentação se concentra no que foi *aprendido*. Às vezes, as pessoas ficam tão absortas em "aprender a documentar" que se esquecem de "documentar para aprender" (Krechevsky, 2020, tradução nossa).

Quando documentamos para aprender, estamos abordando o processo por uma perspectiva diferente. Focar apenas na aprendizagem das crianças é algo mais restrito do que prestar atenção à aprendizagem de *todos*, incluindo a nossa. À medida que estudamos nossos próprios processos, além daqueles das crianças, e começamos a reunir e a organizar a documentação, podemos nos fazer as seguintes perguntas:

- No que estou prestando atenção? Tenho a tendência de prestar atenção em coisas semelhantes toda vez que vejo as crianças brincando?
- O que esse evento me diz sobre o pensamento da criança? E sobre o ambiente e a relação da criança com ele?
- O que me surpreende ou me confunde sobre isso? Eu compartilhei minha curiosidade com outras pessoas por meio desta documentação?
- Quais perguntas as crianças estão fazendo, verbal ou não verbalmente?
- As crianças estão nos mostrando uma estratégia diferente da que usaram anteriormente?
- Quais são as possibilidades para seguir em frente? Precisamos responder? Ou devemos fazer uma pausa, observar e refletir mais?
- O que aprendi com esta documentação?
- Como posso descobrir mais?

Essas questões nos colocam no papel de pesquisadores e desenvolvem nossa capacidade de refletir, nos perguntar sobre o que estamos vendo e considerar os significados por trás do que as crianças estão fazendo.

DOCUMENTAÇÃO COMO ARQUIVO: APRENDENDO COM O PASSADO

Nossos dias com as crianças são cheios de ação, tanto mental quanto física. Como educadores, notamos centenas de pequenos momentos e eventos maiores ao longo da semana. Não podemos responder a todos eles, mas aqueles que ficam conosco em nossa mente e nosso coração, por qualquer motivo que seja, precisam ser honrados e valorizados. A documentação pedagógica serve como um arquivo que registra tanto as ideias brilhantes das crianças quanto nosso próprio pensamento sobre elas.

Muitas vezes, veremos algo no dia que desencadeia uma memória sobre um evento semelhante da semana anterior ou mesmo de um ano atrás. O que podemos aprender com esse evento passado? Como as coisas se desenrolaram para as crianças daquela vez? Como nos sentimos em relação à investigação que se seguiu e como poderíamos responder de forma diferente agora?

Yvonne Woon (2010) sugere que às vezes temos que olhar para trás para entender as coisas que estão por vir. Como um arquivo pode ficar disponível para as crianças e para os adultos o revisitarem e pensarem novamente sobre ele? Alguns educadores têm espaços verticais nas paredes que permitem que a documentação mais antiga seja movida para cima, abrindo espaço para uma documentação mais recente abaixo. Outros arquivam a documentação digitalmente. Ainda, outra maneira é transformar a documentação em livretos e enviá-los para casa com as famílias ou disponibilizá-los na área de leitura.

Embora as famílias e as crianças também possam ver essa documentação pela sala à medida que ela se desenrola, colocá-la nas mãos delas significa fazer com que elas possam se lembrar da documentação em longo prazo, discuti-la e talvez usá-la como inspiração para novos pensamentos. Por exemplo, livretos como esses podem se tornar material para ler antes de dormir compartilhado entre pais e filhos.

DOCUMENTAÇÃO DE METAS PESSOAIS E EM GRUPO: APRENDENDO JUNTOS

Como profissionais, devemos refletir, de tempos em tempos, sobre nosso progresso em direção aos nossos próprios objetivos como parte de nosso desenvolvimento profissional contínuo. A documentação pode nos ajudar nisso. Quando examinamos aquilo a que prestamos atenção, como reagimos e o que aconteceu a seguir, estamos utilizando as documentações para analisar nossas próprias práticas. Podemos nos perguntar:

- Como minha resposta se encaixa na minha ideia de prática profissional em geral e nos meus próprios objetivos em particular?
- Nessa documentação, do que eu me orgulho? Quais foram minhas dificuldades?
- Minha documentação representa meus valores de ensino e de aprendizagem?

No seu ambiente de trabalho, também é provável que você tenha metas de grupo para o crescimento profissional dos professores. Algumas organizações têm abordagens muito formais para elaborar esses objetivos, enquanto outras são mais informais. Porém, em ambos os casos, existem algumas questões que podemos nos fazer em termos de aprendizagem em grupo:

- Minha documentação tem o potencial de contribuir para o conhecimento profissional de outras pessoas de alguma forma?
- Posso compartilhar esse trabalho com nossa comunidade de aprendizagem para que possamos refletir e aprender juntos?
- Essa comunidade de aprendizagem pode ser estendida a outros ambientes ou centros educacionais por meio da nossa documentação?

A seguir, vamos examinar o trabalho de educadores que vêm aprendendo por meio da documentação há algum tempo.

Yew Chung International School, Hong Kong: Amber Gilmore

Amber Gilmore é uma educadora que trabalha com crianças de 2 anos na Yew Chung International School, em Hong Kong. Ela experimentou a documentação como uma ferramenta de aprendizagem para si mesma de várias maneiras. Em uma conversa realizada em 2022, Amber descreveu como sua documentação avançou para a criação de exposições com a colaboração das crianças menores ao longo dos anos. Ela perguntou às crianças de sua turma onde os desenhos, pinturas, fotografias e outros itens poderiam ser colocados na parede. Às vezes, ela dava a elas fita adesiva e as incentivava a pendurar os próprios materiais. Os educadores compartilham o controle da documentação sempre que possível ao longo de todo o processo.

Nossas observações não terminam quando a documentação já está na parede ou em um portfólio. Amber, por exemplo, notou que fotografias da família e de casa, em particular, chamavam a atenção das crianças e as engajavam. Os professores observaram essa conexão e aprenderam mais sobre a vida doméstica das crianças por meio dos seus comentários, conversas entre si e com educadores e por meio da observação de quais aspectos as crianças prestavam mais atenção. Como nem todas as famílias da escola falavam inglês, e devido à pandemia de covid-19, que impediu os pais de passarem algum tempo na sala, a documentação — traduzida pelo aplicativo Seesaw — tornou-se uma ferramenta poderosa para compartilhar ações, palavras e aprendizado das crianças.

Amber sente que a documentação contribui para conversas reflexivas entre os membros da equipe e entre a casa e a escola. Ela empodera os educadores a desacelerar para escutar, para considerar como ajustar o ambiente (incluindo deixar algum espaço vazio nas paredes!) e aprender a colaborar com as crianças pequenas ao longo de todo o processo.

Tanto a aprendizagem de Amber quanto a das crianças se tornou visível por meio de documentação criada enquanto elas aprendiam sobre laranjas. Quando as crianças descobriram sementes dentro de suas laranjas e ficaram curiosas sobre elas, os educadores continuaram fornecendo fotografias para que as crianças e as famílias reagissem a esse fato, plantando sementes de laranja com as crianças e esperando para ver o que aconteceria (os próprios educadores não tinham certeza do que aconteceria!). Esses pequenos primeiros passos de uma investigação foram documentados e exibidos, juntamente a algumas laranjas para as crianças continuarem a revisitar. Como a continuidade é importante, esses itens permaneceram na sala por algum tempo para esperar pelas respostas das crianças. Não houve pressa para "terminar" a investigação ou a documentação. Enquanto isso, outras documentações podem ser adicionadas à medida que os eventos se desenrolam.

Amber mostra a importância do tempo de resposta ao dedicar tempo para uma observação sensível, mas também respondendo prontamente para honrar intencionalmente as interações e ações antes que sejam perdidas. Esse é um equilíbrio trabalhoso para os educadores aprenderem, pois queremos capturar ideias e perguntas em tempo hábil antes que as crianças passem para outras explorações, e ainda assim há a chance de as coisas se moverem muito rapidamente. A documentação pode "congelar" uma ideia enquanto fazemos uma pausa para observar e refletir um pouco mais sobre o que está acontecendo. Vemos nesses exemplos que, com a documentação, podemos prestar mais atenção naquilo que atrai a atenção das crianças.

Brianna Ott: a investigação da árvore

Quando um grande buraco apareceu no fundo de uma árvore na pracinha das crianças, elas assumiram a liderança da investigação fazendo perguntas e formulando teorias sobre como ele ocorreu. Nessa documentação inicial, vemos as dúvidas e as ideias das crianças em um formato bastante "bruto":

Novamente, os educadores esperaram para ver como a investigação se desenrolaria. Eles diminuíram a velocidade para documentar gradualmente enquanto a árvore era removida; um arborista/especialista deu algumas explicações; e todos, incluindo as crianças, pensaram em como a árvore poderia ser substituída.

Se olharmos para a "documentação da árvore" como uma linha de aprendizado, podemos ver duas fases. Primeiro, há um relato aproximado do que aconteceu com a árvore no parquinho, com muitos comentários das crianças (escritos pelos professores) em resposta a uma pergunta central. As anotações são feitas em todas as linguagens que as crianças usam, e algumas fotografias apoiam esse esboço inicial. Então, vemos uma documentação mais formal que resume toda a investigação e pode ser compartilhada com toda a escola. A documentação inicial é uma parte importante da compreensão das teorias e ideias das crianças. Essas documentações são uma verdadeira colaboração entre crianças e professores, pois todas as vozes são ouvidas. A professora primeiro considera e aprende com as teorias provisórias das crianças, e a decisão de seguir em frente decorre dessa primeira fase da documentação.

Anna-Maria D'Onofrio: usando a documentação em sua jornada de aprendizagem

Anna-Maria, que já trabalhou no Reino Unido e depois na Yew Chung International School, também está em uma jornada em expansão com a documentação. Em um cenário anterior, ela se concentrou na documentação por meio de portfólios, mas, com a aprendizagem profissional em torno da aprendizagem baseada em projetos e da abordagem de investigação, ela ampliou sua prática para outras formas de documentação que poderiam ser incorporadas à prática cotidiana. Com o apoio de uma consultora pedagógica, bem como da sua escola e de seus colegas, Anna-Maria refletiu sobre o propósito da sua documentação. Ela incluiu as crianças na tomada de decisões e compartilhou o poder da documentação digital com as famílias. Seguindo em frente, Anna-Maria e a equipe estavam pensando em incluir os comentários das crianças em seus portfólios.

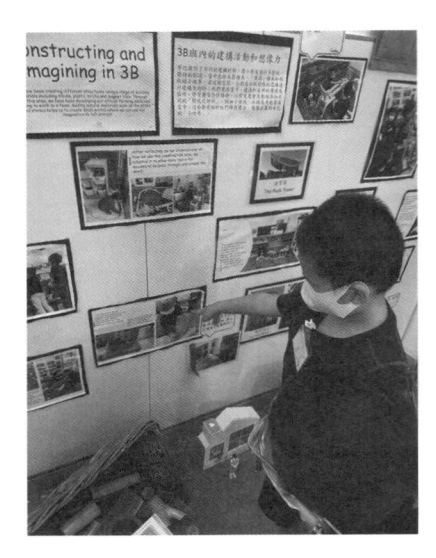

Podemos ver que, à medida que os educadores dessa escola expandem as formas de documentação que usam, refletem sobre as reações das crianças e diminuem a velocidade dos processos para fazer tanto documentações mais "brutas" quanto documentações mais "finalizadas". Eles entram de fato em uma jornada de aprendizagem que é lenta o suficiente para mostrar seu propósito e ser intencional e reflexiva.

A documentação como ferramenta de aprendizagem nos capacita a examinar e questionar nossas intenções, não importa em que estágio de nossa jornada de aprendizagem nos encontremos. Esse é o caso do exemplo a seguir, de um profissional experiente que vem aprendendo com a documentação há muitos anos.

NARRAÇÃO PEDAGÓGICA COMO FORMA DE REFLEXÃO PROFUNDA

Kathy Boelsma é uma praticante da escola ao ar livre e educadora de artes para crianças da educação infantil em Ontário, Canadá. Ela também é uma colaboradora pedagógica e é um exemplo de pessoa que leva a aprendizagem profissional para a vida toda, muitas vezes compartilhando seus conhecimentos com outras pessoas por meio de eventos profissionais inovadores. Os invernos podem ser muito frios e congelantes no Canadá, por isso, os alunos de Kathy têm na escola uma relação próxima com gelo e neve. Eles brincam ao ar livre em todos os momentos do ano, enfrentando diferentes climas, levam materiais para dentro da sala para continuar suas explorações e estão desenvolvendo um profundo respeito pelo meio ambiente.

A terra é, muitas vezes, o ponto de partida para fazer conexões nas propostas ao ar livre de Kathy. Ela tenta misturar ideias de ciências e de artes para oferecer às crianças diferentes pontos de vista. Observar as brincadeiras das crianças sobre o gelo e com a neve deu a ela a ideia de usar um cartaz criado pela Canada Oceans Literacy Coalition que mostrava a ligação entre as alterações climáticas, o gelo marinho e os hábitats dos ursos polares. Ele também explicava que, como o gelo marinho do Ártico está derretendo, os inuítes tiveram que adaptar suas estratégias de caça, pois passaram a enfrentar maiores riscos ao se deslocarem no gelo.

Kathy se perguntou se o cartaz poderia iniciar uma conversa. No Canadá, assim como em muitos outros países, há uma longa história de relações conturbadas entre colonizadores e povos indígenas. Apenas recentemente, alguns governos reconheceram o seu tratamento injusto e muitas vezes desumano com os povos indígenas. Hoje, muitos educadores da educação infantil tentam incluir o respeito às práticas e às maneiras de viver dos povos indígenas no trabalho com as crianças. Alguns colaboram com anciões, bibliotecários e outros profissionais na tentativa de tornar esse trabalho autêntico e responsivo em termos do que as crianças sabem ou querem saber.

Começando com uma conversa

Enquanto Kathy refletia sobre as conversas, as brincadeiras e o conhecimento das crianças sobre a vida no Norte, ela se perguntou como poderia expandir seus conhecimentos e compreensão sobre o povo inuíte que vive lá. Às vezes, enquanto escutava as crianças, ela ouvia mal-entendidos, como quando uma criança se referia aos inuítes como um lugar.

Ao lermos esse pequeno trecho de uma documentação de algumas semanas, observe os pensamentos de Kathy, em itálico, enquanto ela construía um registro dessa conversa.

Se você quiser explorar a documentação completa, entre no QR Code a seguir.

ReCognition: A Shared Thinking Blog
https://re-cognition.ca/home-page/a-shared-thinking-blog

Mieke: O que é inuíte?

William: Inuíte é um país, é muito longe e geralmente é frio lá, e é no Oceano Atlântico, perto de Newfoundland.

Kathy: Na verdade, William, os inuítes são pessoas.

William: Ah... Eu pensei que tinha um país chamado inuíte.

Kathy: A gente tem um grupo de inuítes que mora aqui, no Norte, no Canadá.

Comecei a reconsiderar minha linguagem: porque eu digo "nós temos"? Isso parece possessivo. Jess, minha parceira de ensino, sugere mudarmos nossa linguagem, sendo conscientes sobre como usamos as palavras para articular nossas ideias.

William: Qual é aquele país com o nome parecido?

Kathy: Seria a cidade chamada Iqaluit? Talvez fosse nela que você estava pensando?

William: Meu avô foi lá uma vez.

Eu me pergunto quando devo intervir e quando devo deixar as crianças explorarem. Para mim, nesse momento, a importância de reconhecer os inuítes veio à tona, e eu dei às crianças as informações que elas precisavam para criar um entendimento. Isso é complicado, pois dar e criar conhecimento é algo que acontece junto; nós lidamos com uma tensão cada vez que estamos juntos na aprendizagem.

Acredito que a pergunta de Mieke é um ponto de partida para pensar sobre os inuítes e isso pode nos mostrar uma maneira de dialogar naturalmente. Além disso, eu me pergunto como podemos ouvir histórias de famílias em nossa escola que podem ter conexões com o Norte. Penso nas minhas próprias experiências e no que posso oferecer às crianças em termos de histórias e materiais.

Ao mesmo tempo que essa conversa com William e a reflexão subsequente se desenrolavam, Kathy também estava se preocupando consigo mesma — uma pessoa branca privilegiada — ao embarcar em tal investigação. Seria isso autêntico e respeitoso? Ela conseguiria fazer justiça à importância da vida no Norte, dos inuítes e dos seus saberes e modos de viver? A documentação, não apenas do pensamento das crianças, mas também dos pensamentos de Kathy, tinha o objetivo de ser uma narração da sua própria jornada de aprendizagem. Às vezes, ela parecia estar desconfortável e cheia de perguntas sem respostas, então a documentação se tornou um lugar para refletir sobre esse desequilíbrio e, portanto, uma forma de aprendizagem.

> *Estive ouvindo maneiras de apoiar a descolonização, apoiar o trabalho da verdade e da reconciliação, e isso parece uma abertura para nós... Sempre posso confiar nas crianças para fazer perguntas interessantes.*

Aqui estão alguns outros pensamentos e exemplos de Kathy.

USANDO A LITERATURA INFANTIL

Compartilhamos literatura com as crianças na esperança de melhorar nossa compreensão sobre as pessoas do Norte. O livro *The Polar Bear Son* conta a história de uma senhora que tem um relacionamento de mãe e filho com um urso polar.

Acredito que as crianças, muitas vezes, sentem que têm uma relação com os animais, como se fosse algo natural por estarmos juntos neste planeta. Há uma semelhança que vejo entre as histórias indígenas e as maneiras de ser das crianças, percebo isso pelas interações delas com a terra e dentro de nossos espaços internos de brincar. Acredito que elas têm uma conexão próxima com o mundo animal porque passam muito tempo ao ar livre. Para mim, essa é uma oportunidade de trazer uma visão indígena para o nosso aprendizado, de aprender a se conectar à terra de modo menos consumista e menos colonial, maneiras ligadas a explorar a terra e seus recursos para nosso próprio uso.

Tenho reservas em explicar qualquer coisa indígena. Pergunto-me: "O que eu sei? Como posso falar sobre certos costumes?". Devo examinar o que significa trazer esses tipos de ensinamentos com a intenção de criar pontes, criar espaços respeitosos, mas como faço isso?

Recentemente, comecei a me perguntar se os autores de algum dos livros que usei foram escritos por pessoas inuítes. Esta é outra pessoa branca contando a história dos outros? Eu preciso considerar que os povos devem falar por eles mesmos. Esse é um movimento na minha prática pedagógica — compartilhar autenticamente histórias escritas pelas vozes que estamos nos esforçando para escutar. Essa reflexão me leva adiante.

Depois de examinar o livro *The Polar Bear Son* e o histórico da autora, reconheço que não ouvi a voz das pessoas que estamos nos esforçando para conhecer. Devo ser mais consciente sobre o que escolho para oferecer como histórias. Isso impacta minha pedagogia.

Exposição de livros indígenas com vozes autênticas na Biblioteca Pública Mississippi Mills.

Eu considero as opções de como avançar e se voltar para a comunidade em que vivemos, incluindo as maneiras de apoiar as conexões com o povo algonquino, que viveu e continua a viver nessa parte de Ontário. Tenho dificuldade de encontrar materiais que venham da nossa região. Como encontro essa ideia na comunidade em que vivo? Começo a notar, na escrita dessa documentação, que existem muitas camadas para a comunidade em que vivo, das quais eu não tinha conhecimento.

No processo de criação dessa documentação, uma nova sensibilidade surgiu em mim, o que me ajudou a aprender mais sobre minha comunidade. Em nosso jornal de artes local, notei um líder do povo métis que falou sobre o uso da palavra "vizinhos" em vez de "colonos". Comecei a adotar essa palavra na minha fala já que estava procurando conexões com as comunidades indígenas.

Compreender as palavras que usamos para expressar relacionamentos é importante para avançarmos como vizinhos, como povos que vivem juntos sobre a terra. Essas palavras são uma afirmação de outras línguas que foram faladas, outra ponte para entender e honrar aqueles que estão lutando para manter suas línguas vivas. Talvez nós possamos aprender mais sobre os idiomas falados nesta terra como uma parte regular de nossos dias juntos.

A linguagem importa, então que palavras escolherei usar e tentar entender?

Enquanto Kathy e eu conversávamos sobre a sua documentação e como esta a ajudava no seu crescimento profissional, discutimos as perguntas a seguir.

COMO A NARRAÇÃO PEDAGÓGICA AJUDA VOCÊ PROFISSIONALMENTE?

Para mim, o ato de escrever se torna minha reflexão e parte de mim. O processo de documentação é uma forma de transformar meu pensamento para me aproximar do que digo acreditar; para viver meus valores intencionalmente declarados por meio da minha prática pedagógica no dia a dia.

Esse processo me ajuda a perceber que tenho liberdade. Não me culpo por não ter feito tudo o que disse que faria na documentação (isto é, implementar os planos que surgissem). As coisas mudam, e eu aceito isso, mas posso me voltar para a minha escrita e ainda me mover em direção aos meus ideais quando o momento for adequado. É algo dinâmico e para o qual eu posso voltar para iniciar outro caminho para mim e para o grupo com o qual eu estiver. Isso faz parte do processo de propor novos contextos para o nosso aprendizado conjunto. Desde o início do processo de documentação até o final, e quando ele é reaberto no diálogo com alguém, isso também transparece. Eu mudo de ideia de novo, constantemente, e a documentação me permite ver essas mudanças. Para mim, isso é a vida diária. Essa pesquisa e atitude cotidiana é uma forma de me situar no mundo e com as crianças.

O QUE AJUDOU VOCÊ A APRENDER?

Aprendi incorporando minhas próprias perguntas e dúvidas na documentação. Elas surgiram para mim do processo de escrever e examinar fotografias e conversas ao longo do tempo, vendo as conexões que apareciam. Dar tempo para mim mesma ajudou — três meses para estudar e pesquisar com as crianças, dois meses para criar a versão mais longa da documentação e, em seguida, ainda mais tempo para passar para novas ideias. Por meio da escrita e da reflexão na aprendizagem com as crianças, entendi mais sobre como avançar e ser intencional para projetar o espaço de aprendizagem.

Essas reflexões finais vêm diretamente da narração pedagógica de Kathy e resumem seu pensamento naquele momento.

> Reconheço que minhas conexões com os povos indígenas se expandem ou se contraem em relação ao meu ensino e à minha pedagogia. Quanto mais eu cresço em termos de conexões e conscientização, mais vejo como isso faz parte da minha pedagogia cotidiana, e não de um tópico separado. Esses últimos meses me ensinaram isso.
>
> Penso em outras maneiras de oferecer contextos de aprendizagem que sejam sensoriais e de construção comunitária, incluindo estudar a arte criada por artistas indígenas, fazer conexões com nossa comunidade local que está apoiando a verdade e a reconciliação e perceber um novo reconhecimento do que aconteceu e ainda está acontecendo.
>
> Também vou procurar livros que apoiem uma maneira diferente de conhecer nossa história e as histórias que estão faltando. Além disso, gostaria de me concentrar na celebração da singularidade das Primeiras Nações, dos inuítes e dos métis, e seus modos de ser, e aprender com esses modos.

A jornada de Kathy estava carregada de certa tensão com a possibilidade de apropriação da cultura e das maneiras de ser de outros povos. Vimos desde o início desse relato que ela se sentiu um pouco apreensiva em apoiar as crianças a aprender sobre aqueles que vivem de maneira diferente delas. Ela teve que pensar cuidadosamente sobre seu papel e em como introduzir informações e, inclusive, se era apropriado que ela fornecesse informações ou se elas deveriam vir dos membros da cultura em questão. Ela teve que examinar seu próprio uso da linguagem e os livros que oferecia, bem como procurar pelos povos indígenas em sua comunidade dispostos a se conectarem.

Esse pensamento profundo trouxe um tremendo aprendizado por parte de Kathy, tornando sua abordagem ainda mais perspicaz. Ela teve que se expor não apenas ao pensar em questões potencialmente difíceis, mas também ao compartilhá-las na documentação. No entanto, o compartilhamento desse desconforto é muito importante, não apenas para o nosso próprio crescimento, mas também como uma contribuição para a nossa profissão. Todos nós temos essas discussões internas às vezes, e todos lutamos com tópicos desafiadores que as crianças trazem ou que estão acontecendo ao nosso redor na sociedade. Somente documentando "o que aconteceu", "como eu estava me sentindo" e "como eu trabalhei esses sentimentos" é que conseguimos relaxar e seguir em frente com menos apreensão. Não é fácil para professores entrarem em áreas anteriormente inexploradas e, às vezes, nos tornamos mais fortes coletivamente. Narrações pedagógicas de nossas jornadas podem nos trazer essa força.

DOCUMENTAÇÃO COMO ATO POLÍTICO: EQUIDADE DE VOZ EM COMUNIDADES MARGINALIZADAS

Quando usada como uma ferramenta para observar, refletir e responder, a documentação pedagógica nos dá o maravilhoso presente de *incluir todas* as crianças — bem como perceber quando algumas delas são involuntariamente menos representadas do que outras, seja por culpa nossa, do ambiente em que trabalhamos ou da sociedade em geral. Em nossas práticas, nos esforçamos para ser totalmente inclusivos, no entanto, às vezes há crianças, ou modos de ser, que escapam à nossa atenção. Talvez tenhamos alunos que são quietos ou pouco exigentes, que parecem trabalhar e brincar em segundo plano, ou talvez haja famílias que não se sintam à vontade para participar de eventos escolares. Isso pode acontecer por muitas razões. Às vezes há barreiras linguísticas, e uma família não consegue articular suas perguntas ou se sentir confortável em uma sala cheia de pessoas que não falam sua língua. Algumas culturas têm um respeito tão profundo pelos professores que nunca questionam o que fazemos ou sentem que nos questionar pode parecer desrespeitoso. Nessas circunstâncias, a documentação pode se tornar uma ponte entre a casa e a escola, ajudando todos os envolvidos a aprender uns com os outros.

Quando escolhemos cuidadosamente uma forma de documentação que acreditamos ser a mais apropriada para uma determinada criança ou família, abrimos uma janela que nos oferece a possibilidade de ver a vida e aprender através dos olhos dos outros. Por exemplo, com seu formato e voz personalizados, uma História de Aprendizagem (Escamilla, 2021) pode se tornar profundamente pessoal quando a família é convidada a responder e compartilhar seu conhecimento cultural. Dessa forma, podemos revelar comunidades que, de outra forma, poderiam ser marginalizadas. No artigo "Learning Stories: Observation, Reflection, and Narrative in Early Childhood Education", Isauro M. Escamilla (2021) descreve como as histórias de aprendizagem ajudaram os professores a entenderem o comportamento de uma criança à medida que aprendiam sobre a sua terra natal e a violência daquele local, bem como o orgulho da criança do lindo lugar e da história da família. Escamilla nos lembra que a maioria dos recém-chegados tem memórias fortes de onde vieram, e essas memórias certamente fazem parte da identidade cultural da criança. Uma documentação pedagógica que permita que a criança, a família e os professores compartilhem suas vozes pode ser um lugar de aprendizagem que mostre eventos e histórias importantes para a família e informe os educadores.

CONVITE A EXPLORAR

- Em reuniões de equipe ou eventos de aprendizagem profissional em seu contexto, como você pode usar a documentação para trazer à tona o que você, como educador, aprendeu?
- Enquanto você está montando uma documentação, quais são os momentos de descoberta que você tem? Como você pode torná-los visíveis?
- Quando alguém de fora da sua sala lê sua documentação, o que eles extraem dela? Sua presença profissional está visível?
- Que documentação você pode desenvolver para aumentar a compreensão tanto da sua cultura quanto a das crianças? Quem tem informações para ajudar? Como o desenvolvimento dessa documentação contribui para seu próprio aprendizado?

PROFESSORES COMO PESQUISADORES

Quando consideramos todos os exemplos de documentação pedagógica oferecidos nos capítulos anteriores, podemos observar que esse trabalho nos leva a uma jornada. Por meio da documentação, passamos de

- descrever as produções das crianças (contando as histórias delas) para
- refletir sobre o que isso pode significar, para
- considerar as possibilidades de resposta, para
- responder de maneiras que envolvam o coração e a mente tanto das crianças quanto dos professores.

Esse tipo de pensamento profundo e o engajamento é o que nos mantém apaixonados pelo nosso trabalho. Não consigo me imaginar trabalhando com crianças pequenas por mais de 30 anos, como eu trabalhei, se eu não tivesse tido a oportunidade de pensar junto com elas — de me envolver no prazer da suas descobertas, de observar os seus rostos quando compreendem algo, de aprender com elas e ao lado delas e de tornar esse aprendizado visível para que os outros pudessem compartilhá-lo e entendê-lo.

Se as crianças sob nossos cuidados são pequenas ou em idade escolar, mostrar para elas o próprio trabalho influencia profundamente na autoestima, na confiança e no raciocínio delas. Nós, educadores, só precisamos aprender a tomar notas, refletir e revisitar as produções com as crianças para pensar junto com elas. E quando refletimos dessa maneira, inevitavelmente fazemos perguntas. O que fazemos com esses questionamentos? A pesquisa docente oferece uma maneira de explorarmos nossas perguntas por meio de nossa prática.

DOCUMENTAÇÃO COMO PESQUISA DOCENTE

O que é a pesquisa docente e como ela pode afetar nossa vida cotidiana na sala? Andrew Stremmel, professor emérito da South Dakota State University, é especialista em investigações docentes e usa abordagens inspiradas em Reggio para a formação de professores da educação infantil. Ele fornece uma definição clara e simples para pesquisa docente:

> Quando os professores começam a ir atrás de suas perguntas sobre ensino, usando métodos que são significativos para eles, com a finalidade de melhorar seu ensino e a aprendizagem das crianças, eles se envolvem em uma pesquisa docente. A pesquisa docente é uma investigação focada na prática. As perguntas das pesquisas docentes emergem de áreas que os professores consideram problemáticas (ou seja, confusas, intrigantes ou surpreendentes) ou de questões sobre as quais eles simplesmente querem saber mais (Stremmel, 2012, p. 7).

Como a pesquisa docente geralmente começa com uma pergunta que gostaríamos de responder, devemos pensar em como formular essas questões. Stremmel (2012, p. 7) diz que isso pode ser algo desafiador e sugere uma discussão com um colega de confiança: "Juntos, ponderar e discutir seus interesses, dúvidas e curiosidades pode levar a grandes *insights* e novos entendimentos".

Proponho que a documentação também pode nos levar a perguntas, dúvidas e novos entendimentos, e acredito que discutir fotografias e transcrições de crianças em ação antes de construir a documentação traz os melhores resultados. Conversas com colegas de confiança, juntamente a dados concretos que descrevem o que as crianças têm feito, muitas vezes tornam o significado ou a compreensão mais fácil de serem alcançados. Essas discussões inevitavelmente levantam outras questões, que podemos tentar responder por meio de nossa prática, e assim o ciclo de investigação continua. A documentação é, afinal, um entrelaçamento de teoria e prática e fornece espaço para o desenvolvimento de novas teorias.

Sabemos, no entanto, que nós, professores, podemos nos distrair facilmente quando nos reunimos para discutir ideias e a prática. Às vezes, estamos ávidos por discussões com os colegas, e isso pode desviar nosso foco. Podemos encontrar uma solução para esse problema no artigo de Ben Mardell e Andrée Howard (2012) "Inquiry as a Team Sport", no qual os autores compartilham suas experiências com uma rede de pares. Os membros dessa rede se reúnem regularmente nos centros educacionais uns dos outros para discutir ideias, perspectivas e entendimentos. Mardell e Howard (2012, p. 13, tradução nossa) descrevem como uma rede de pares usa a documentação em um protocolo no qual um professor apresenta sua documentação, faz uma pergunta e, em seguida, escuta os colegas:

O protocolo pede aos participantes que eles separem o que eles observam de suas interpretações e sugestões. Ele começa com os professores construindo um significado coletivo a partir da documentação. Os participantes descrevem suas próprias observações sobre a situação apresentada. Cada pessoa traz uma perspectiva única e nota algo diferente. Em seguida, os outros professores dão sugestões, que muitas vezes são ainda mais ricas após uma análise atenta da documentação. O professor que apresenta o contexto e coloca uma questão torna-se ouvinte pela maior parte do tempo.

Tendo usado esse tipo de protocolo em minha própria prática, posso atestar que ele mantém os participantes no caminho certo em termos de discussão da documentação em questão e incentiva os participantes a desenvolverem uma documentação mais completa e rica para compartilhar. Ouvir as interpretações dos outros sobre o nosso próprio trabalho é uma experiência de aprendizagem valiosa. No caso da documentação, esse exercício deixa claro o que o leitor/ouvinte entende, ou não entende, e como nosso trabalho é interpretado.

Experiência de pesquisa de um estagiário

Quando eu estava escrevendo a 1ª edição deste livro, Aya era aluna do segundo ano na Nova Scotia College of Early Childhood Education. Ela estava interessada na documentação como um meio de entender o pensamento e a aprendizagem das crianças. Às vezes, a documentação a ajudava a entender como as crianças construíam o conhecimento. Na documentação a seguir, vemos a reflexão profunda e o aprendizado pelo qual Aya passou ao examinar fotografias de crianças que tinham dificuldades com representações em 2D e 3D.

DIÁRIO: COMO AS CRIANÇAS ENTENDEM O 3D?

Data: 15 de novembro de 2013

No ateliê, T. estava trabalhando na construção de um prédio usando argila, palitos e outros materiais. Ele olhou para figuras de um prédio e fez um guarda-chuva no topo dele, como na ilustração, usando um graveto e um item em forma de engrenagem. Ele então colocou um bloco retangular ao lado dele. Para ele, o bloco era uma das janelas do prédio. (Ele apontou para uma janela no quarto andar.)

Outra criança, M., fez uma casa usando galhos, conforme mostrado na imagem a seguir. Ele olhou para uma figura de uma casa e usou os galhos como paredes, telhado e uma chaminé. Ele até adicionou uma engrenagem no topo da chaminé e a chamou de ventilador para a chaminé.

Aprendi como as crianças veem e pensam sobre objetos 3D. Algumas prestam atenção aos detalhes, e outras fazem representações 2D, assim como M. Anteriormente, pensei que dar uma caixa para as crianças para que elas fizessem uma casa poderia ajudá-las, mas essa experiência me deu a noção de que pedir às crianças que realmente construíssem um objeto 3D poderia ser muito útil para que elas entendessem o formato. Se eu lhes desse uma caixa para fazer uma casa, seria difícil ver como as crianças têm dificuldades para entender os objetos 3D, mas quando elas processam seus pensamentos pelas suas próprias maneiras de fazer objetos nesse formato, consigo ver o quanto elas entendem, e isso me ajuda a apoiá-las a construir uma melhor compreensão.

Em seguida, intrigada e em dúvida com relação às suas perguntas sobre como as crianças aprendem o 3D, Aya ofereceu um jogo nesse formato, o qual teve os resultados vistos a seguir.

DIÁRIO: COMO AS CRIANÇAS ENTENDEM O 3D?

Data: 21 de novembro de 2013

Eu dei às crianças um jogo de blocos 3D que tinha peças de formatos diferentes que formavam um cubo 3 × 3 × 3 quando arranjadas juntas de uma certa maneira. Eu trouxe fotos de muitas combinações possíveis feitas com essas peças para que as crianças pudessem ver como os blocos deviam ser montados. Cada bloco tinha uma única cor. As crianças pareciam ter alguma dificuldade em ver as imagens em 2D como objetos em 3D. Elas tiveram dificuldade em descobrir como usar a imagem para criar um cubo 3 × 3 × 3. Algumas delas ignoraram a imagem e continuaram tentando conectar as diferentes peças. Algumas crianças colocaram todas as peças na imagem para que as cores combinassem, mas depois perceberam que essa estratégia não fazia um cubo.

Eu as ajudei a enxergar os blocos a partir de uma certa perspectiva, para que eles ficassem parecidos com as imagens. As crianças tiveram dificuldade em ver a conexão, mas assim que tirei uma *foto* do padrão junto com o arranjo delas, elas perceberam que o seu arranjo não se parecia com o que elas queriam fazer. Elas então mudaram a posição dos blocos, e eu tirei fotos novamente.

Elas olharam as fotos e mudaram os blocos de lugar novamente até descobrirem a posição certa! Nesse processo, elas fizeram um objeto 3D, que eu transformei em 2D (com as fotos) para que elas pudessem comparar o que elas fizeram em 3D com o padrão 2D mostrado no guia.

Tirar fotos do que elas fizeram no espaço 3D ajudou as crianças a entenderem qual é a aparência de um objeto 3D como uma imagem 2D. No final, três crianças conseguiram criar o cubo com a minha ajuda (fazendo perguntas quando cometiam erros).

M. disse que conseguiu fazer a forma número 12 usando os blocos. M. não mudou de ideia até ver esta foto.

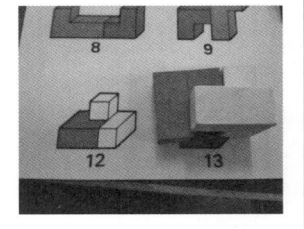

Ele então mudou a forma e disse que dessa vez estava igualzinho ao número 12. Ele então viu a foto ao lado e percebeu que havia algo errado.

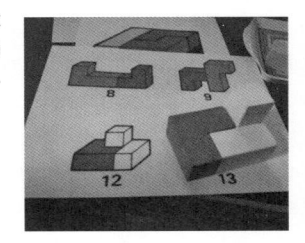

Isso foi o que ele fez no final. Ele olhou para a foto e sorriu.

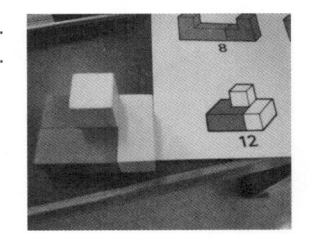

Essas documentações, descrevendo a pergunta de Aya e as dificuldades das crianças, permitiram que ela enxergasse o construtivismo — a construção do próprio conhecimento por meio da ação — à medida que ele se desenrolava. As documentações também permitiram que ela soubesse como responder às suas próprias perguntas sobre a reflexão e a aprendizagem das crianças. Podemos observar a reflexão de Aya de que simplesmente dar às crianças uma caixa de papelão não as ajudaria a construir a compreensão do 3D. Ela ofereceu um material diferente, que englobava formas em 2D e 3D, para que as crianças o manipulassem. Mas então, vendo a dificuldade de continuar, ela dá o próximo passo.

Ela fornece fotografias (representações 2D) como uma documentação do que as crianças realmente construíram para que elas revisitassem e considerassem. A pergunta da professora — "Como as crianças aprendem sobre formas 3D?" — foi respondida por meio de uma reflexão minuciosa em conjunto com uma documentação que pode ser examinada com as crianças. Observe que ela também deu tempo às crianças: tempo para construir e reconstruir, tempo para refletir sobre as fotografias e tempo para revisitar e reexplorar.

Mais perguntas dos professores

No Garden Gate Child Development Center em Vineyard Haven, Massachusetts, Leigh Ann Yuen e seus colegas sempre praticaram observar e responder às crianças sob seus cuidados. O trabalho de Leigh Ann é inspirado nas práticas de Reggio Emilia, e sua documentação reflete o pensamento das crianças e dos professores, usando uma expressão estética refinada.

Para um exemplo de como a documentação ajudou Leigh Ann e seus colegas a sustentar a expressão do pensamento das crianças, bem como as perguntas que a brincadeira delas gerou para os professores, vamos ver como seus alunos se envolveram em uma exploração sobre cavalos e giros, provocada por um carrossel local que eles conhecem muito bem. Leigh Ann explica em sua reflexão como essa jornada começou. Observe que, ao longo de sua reflexão, surgem perguntas para os professores. Como essas questões são abordadas na prática?

> O carrossel Flying Horses é um marco histórico em nossa comunidade. Ele é o carrossel de plataforma mais antigo do país, e andar nele é um rito de passagem para todas as crianças que crescem em Martha's Vineyard, junto com a ação de pegar o anel de latão, o cobiçado prêmio que dá direito a um passeio grátis. Portanto, não foi surpresa para mim e para a professora auxiliar quando as crianças começaram a encenar essa amada atração em sua brincadeira de faz de conta. Uma das crianças de 2 anos e meio instruiu suas amigas a "escolherem um cavalo" e depois as mandou para o passeio, dizendo: "Obrigado e aproveitem o passeio!", em perfeita imitação aos estudantes de ensino médio locais que manejam o carrossel durante o verão.
>
> Observamos essa brincadeira ao longo de vários dias, enquanto mais das crianças da nossa turma percebiam o que estava acontecendo na área de brincadeiras de faz de conta. Oferecemos um rolo de ingressos e uma cesta de anéis de madeira da área dos blocos, e a brincadeira continuou. A professora auxiliar e eu ficamos curiosas. Além do óbvio fator diversão, o que havia no carrossel que mantinha essas crianças envolvidas nessa brincadeira dia após dia? A brincadeira continuou do lado de fora com as crianças montando cadeiras no jardim de música ao lado do grande sino, que soa muito parecido com o sino que sinaliza o início do passeio de carrossel. Ao documentarmos as brincadeiras das crianças, percebemos o desejo delas de imitar exatamente a experiência do carrossel. Elas queriam os cavalos, os ingressos, a música e os anéis. A única

coisa que o carrossel imaginário delas não fazia era girar! Enviamos listas de desejos para os pais e vasculhamos o brechó local em busca de coisas que girassem. Procuramos pratos giratórios para adicionar à área dos blocos, pensando que algumas crianças poderiam estar interessadas em construir carrosséis que realmente girassem. Tivemos a sorte de uma doação de uma cesta cheia de cavalos de brinquedo que completou a provocação, e ficamos ansiosas para ver como as crianças usariam esses novos materiais. Os pratos giratórios foram um grande sucesso e foram imediatamente colocados em uso por todas as crianças. Em nossas observações, vimos que os cavalos raramente eram usados com os pratos giratórios, mas blocos, carros de corrida, pessoas de brinquedo, entre outros, eram cuidadosamente arranjados e girados em velocidades variadas até parecerem apenas um círculo colorido. O próprio ato de girar então se tornou o foco de nossa investigação.

Levamos as crianças para fora e as convidamos a explorar o giro com seu corpo. Levamos nossos pratos giratórios para o ateliê para explorar a mecânica do giro com tintas e canetinhas. Nós forçamos os limites fazendo arte giratória gigante em um pneu de bicicleta.

Enquanto isso, algumas crianças descobriram a cesta de cavalos, e uma investigação começou a fim de explorar as semelhanças e seu corpo as diferenças entre cavalos reais e cavalos de carrossel. Algumas de nossas crianças estavam interessadas em explorar as diferenças no ateliê e optaram por criar cavalos de carrossel com canetinhas, cola e *glitter*. A essa altura, o carrossel Flying Horses já havia fechado para o inverno. As crianças não estavam mais interessadas em reproduzir essa ideia em brincadeiras de faz de conta, mas continuavam interessadas no próprio carrossel. Eram os cavalos extravagantes, coloridos e caprichosos do carrossel que despertavam o interesse de nossos amantes de cavalos.

Três meses depois, ainda estávamos tentando responder à pergunta: "O que capturou a atenção das crianças tão completamente nos cavalos do carrossel?". Convidamos as crianças a desenhar os cavalos do carrossel. Uma delas começou a desenhar ansiosamente, criando um desenho rápido e em espiral, e orgulhosamente anunciou: "Um círculo! Ok! Você quer me ver desenhar 'ao redor'?". Outra criança rapidamente acrescentou: "Ele gira em círculos!". Outras crianças desenharam anéis de latão, e algumas refinaram seus desenhos de cavalos usando referências do computador para aprimorar as produções. As crianças estavam tentando capturar os detalhes e recriar o carrossel para torná-lo seu. A relação delas com o carrossel era íntima, como um amigo querido e familiar, uma fonte de excitação e alegria, e as crianças estavam procurando companhia.

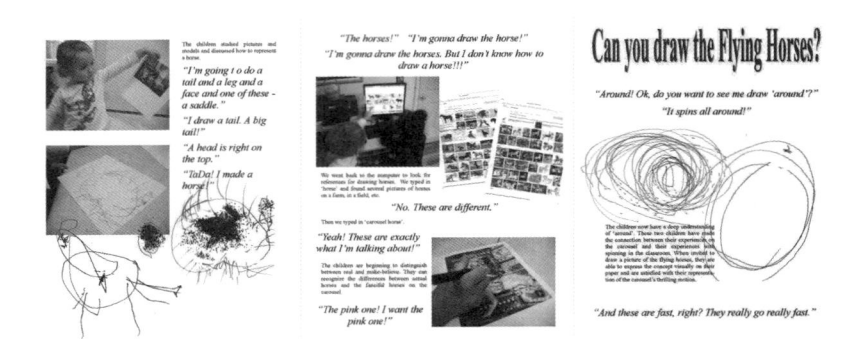

A primavera chegou e, com ela, a reabertura do carrossel Flying Horses. As crianças rapidamente concordaram que uma saída de campo ao carrossel era apropriada. Nossa documentação desse passeio tinha dois objetivos. O primeiro era registrar todos os detalhes do próprio carrossel: os cavalos antigos com crinas, o órgão Wurlitzer de 1923 que toca músicas em rolos de papel originais, a cerca branca que mantém todas as crianças ansiosamente esperando. O segundo objetivo era registrar as interações das crianças com o carrossel: a antecipação delas ao esperar por um cavalo, a excitação quando o sino de partida tocava, o deleite quando o passeio ganhava velocidade.

Ao longo do projeto, nossa documentação ficava disponível às crianças. Ela era exibida na sala ao lado das interpretações artísticas do carrossel feitas por elas. A documentação do projeto gerou perguntas e conversas sobre o carrossel, mas foi essa nova documentação do próprio carrossel que provocou um diálogo intenso e atraiu completamente todas as crianças de volta ao projeto. A documentação se tornou uma nova voz em nosso meio. Algumas das crianças, surpreendentemente, responderam com desconforto ou apreensão. Elas disseram que a música estava muito alta ou que o carrossel girava muito rápido. Apontaram a foto do órgão ou os assentos do banco relativamente reconfortantes onde algumas delas se aconchegaram no colo dos pais. Quando convidamos essas crianças para se juntarem às outras na criação de nosso próprio modelo do carrossel, elas concordaram, mas se ateram à documentação para ajudá-las a articular suas próprias necessidades e desejos na construção.

Ficou claro para nós que cada uma das crianças tinha um profundo vínculo emocional com o carrossel. Ao criar nosso modelo, as crianças retornaram repetidamente à documentação para verificar os detalhes, para representar o carrossel com a precisão de sua imaginação e para misturar a realidade com sua fantasia. Essa foi a resposta à nossa pergunta, a verdadeira razão pela qual essa brincadeira persistiu. O carrossel Flying Horses era um companheiro de brincadeiras estabelecido. A consistência de seus detalhes era um conforto para as crianças que andaram nele repetidas vezes, e a magia do passeio era da própria autoria delas.

A explicação de Leigh Ann de como o projeto evoluiu, flutuando entre vários interesses ligados ao carrossel e como ele conectou a realidade à fantasia, demonstra como a documentação ajuda em explorações profundas em andamento. Ela explica esse processo do ponto de vista dos professores.

> Nossa documentação, ao longo deste projeto, de outubro a abril e depois disso, nos ajudou como professores a formular perguntas sobre as brincadeiras das crianças; avaliar estratégias para aprofundar a exploração; envolver-se em conversas significativas com crianças, pais e outros professores; e estender o trabalho do projeto por vários meses. Como resultado, obtivemos uma visão maior da vida emocional das crianças.

A seguir, em forma de tópicos, está como Leigh Ann vê o papel que a documentação desempenhou ao longo dessa investigação:

- A documentação foi iniciada em primeiro lugar para explorar o grande interesse das crianças pelo carrossel.
- A documentação da brincadeira de faz de conta inicial das crianças ilustrou a falta de giro no carrossel imaginário delas.
- A documentação da brincadeira com pratos giratórios levou os professores a uma nova direção, explorando a mecânica do giro.
- A documentação das brincadeiras das crianças com cavalos voltou nossos pensamentos para o projeto do carrossel e destacou o interesse das crianças pelo pensamento fantasioso.
- A documentação dos desenhos das crianças dos cavalos do carrossel ilustrou o interesse delas pelos detalhes e pelas diferenças entre cavalos reais e os das fantasias delas.
- A documentação do passeio ao carrossel Flying Horses se tornou uma poderosa ferramenta de comunicação entre crianças e professores.

Nesses tópicos, observamos como a documentação tornou visível o processo progressivo de mediação pedagógica. As crianças passaram do carrossel para o giro, depois para os cavalos e para explorar fantasia e realidade, e depois voltaram para o carrossel para uma visita ao lugar real onde toda a exploração começou. Ao longo do processo, a documentação ajudou a focar e esclarecer os pensamentos e as respostas das professoras, às vezes levando-as a parar para refletir repetidas vezes e a desenvolver mais perguntas sobre as intenções das crianças. A documentação se tornou uma forma de pesquisa na prática, uma ferramenta de reflexão e questionamento.

Algumas pessoas fora da nossa profissão podem questionar se crianças tão pequenas são capazes de se envolver em uma exploração tão profunda, mas a documentação mostra que sim. A documentação torna visível a competência das crianças e fortalece nossa imagem delas.

A PEDAGOGIA DA ESCUTA

"A pedagogia da escuta", expressão cunhada por Carlina Rinaldi, presidente da Fondazione Reggio Children–Centro Loris Malaguzzi, pode, a princípio, nos levar a pensar na escuta no sentido tradicional: escutamos o que ouvimos. No entanto, Rinaldi (2001) nos leva além, ao definir a escuta em um sentido muito mais amplo e profundo, em seu artigo "The Pedagogy of Listening Perspective from Reggio Emilia", ela descreve os muitos significados de escutar:

- uma maneira de se conectar com os outros;
- escutar com todos os nossos sentidos;
- reconhecer as muitas maneiras pelas quais as pessoas usam linguagens, símbolos e códigos variados para se expressar;
- escutar-se internamente;
- escutar por curiosidade, desejo, dúvida e incerteza;
- escutar como modo de produzir perguntas em vez de respostas;
- escutar como modo de oferecer uma interpretação;
- escutar como base para qualquer relacionamento de aprendizagem.

Ao ler essa lista de definições, me impressionei com as muitas conexões entre as descrições de escutar de Rinaldi e as maneiras como a documentação nos permite escutar as crianças. Quando estamos documentando, por exemplo,

- nos conectamos com as crianças;
- reconhecemos as muitas maneiras pelas quais elas se expressam (suas linguagens);
- ficamos cheios de curiosidade, desejos e, às vezes, dúvida;
- produzimos perguntas em resposta ao que escutamos intensamente;
- tentamos interpretar; e
- nossa escuta cuidadosa aprofunda nossos relacionamentos com as crianças.

Rinaldi (2001, tradução nossa) prossegue dizendo:

> Além de oferecer apoio e mediação às crianças, o professor que souber observar, documentar e interpretar esses processos perceberá todo o seu potencial como aprendiz — neste caso, aprendendo a ensinar. A documentação pode ser vista como um escutar com visibilidade: garante escutar e ser escutado pelos outros.

A documentação, em seu ápice, é um processo que progride para formas mais elevadas de escutar, refletir e aprender para todas as pessoas envolvidas. Ela começa com as crianças e depois passa para os professores à medida que eles respondem às produções das crianças com interesse, perguntas e observações cuidadosas. A documentação volta para as crianças conforme os professores exploram com elas, procurando significados e coconstruindo conhecimentos por meio de novas conversas ou convites para a ação. Em seguida, os educadores se envolvem em mais reflexões, enquanto tentam construir traços visíveis do trabalho. Depois disso, o processo se desloca para as famílias ou colegas quando compartilham os pensamentos e as ações das crianças e dos professores. Talvez ele volte para professores e crianças novamente depois de receber as respostas dos leitores da documentação. O que os leitores nos ouviram dizer? O que eles entenderam? Quando usamos a documentação, estamos sempre nos relacionando com alguém.

A documentação não é um processo simples. No entanto, ela tem o poder de sustentar, inspirar e apoiar o crescimento de todos os que estão envolvidos com ela — as crianças que começam o processo, as famílias que compartilham as produções e os professores que trabalham tão duro e refletem tão profundamente para que tudo aconteça. A documentação pedagógica é colaborativa e todos nós compartilhamos das suas recompensas, como realizações, entendimentos e crescimento contínuo.

CONVITE A EXPLORAR

À medida que você avança em sua jornada de documentação, aqui estão algumas perguntas a serem consideradas como pontos de partida para decidir o que e como documentar:

- O que você quer saber? O que você acha intrigante, confuso, surpreendente ou simplesmente interessante? Como você vai apresentar esses eventos ou pensamentos para outras pessoas?
- Como você usará a documentação como parte de seu próprio aprendizado? Você tem dúvidas e hipóteses sobre ensino e aprendizagem que pode tornar visíveis por meio da documentação de sua pesquisa docente?
- Como você continuará sua jornada de documentação?

GLOSSÁRIO

andaime (mediação pedagógica): retirado do trabalho de Lev Vygotsky, esse termo se refere aos apoios oferecidos às crianças — por professores ou colegas mais experientes — para ajudá-las a levar sua compreensão a um nível superior. Ele prevê a aprendizagem construtivista, em que as crianças são capazes de avançar em sua compreensão em seu próprio ritmo e em um ambiente de aprendizagem seguro e estimulante.*

blocos de esboço: um lugar onde a equipe de ensino ou um indivíduo pode coletar observações, perguntas e esboços das produções ou ações das crianças, bem como escrever anotações uns para os outros. É uma forma de documentação "bruta", destinada ao uso apenas como uma forma de levantamento de dados, e não para compartilhamento com as famílias ou a comunidade.

Cem Linguagens: termo que se originou com Loris Malaguzzi, em Reggio Emilia, referindo-se às muitas maneiras pelas quais as crianças podem expressar seus conhecimentos e visões de mundo. Por exemplo, as crianças podem expressar melhor seus pensamentos por meio de faz de conta, música, artes gráficas, fala, e assim por diante.

colaboração: durante uma investigação, a colaboração é um trabalho em conjunto essencial que ocorre entre crianças e adultos, famílias e escola e entre as crianças. A colaboração ajuda na construção do conhecimento com as contribuições de todos os participantes.

currículo emergente: uma forma de ensino e aprendizagem baseada em investigação que começa com observações, depois passa para reflexões e, em seguida, para respostas ponderadas e mais observações para coconstruir um currículo

---

* N. de R. T. No Brasil, o termo "estimulante" foi divulgado no trabalho de Jerome Bruner.

com as crianças de forma colaborativa. Um currículo intencional, criativo e bem pensado emerge das interações entre todos os protagonistas da escola.

documentação "bruta": uma documentação na forma de anotações grosseiras, esboços e várias fotos que representam as primeiras observações, pensamentos, ideias e perguntas dos professores. As crianças podem contribuir com seus desenhos e comentários.

documentação pedagógica: uma maneira de tornar visíveis o pensamento e a aprendizagem de crianças e educadores. Consiste em registros da colaboração entre crianças e professores durante suas jornadas de aprendizagem, que podem ser uma poderosa ferramenta de comunicação entre crianças e educadores, famílias e escola, colegas e o público. A documentação pedagógica também fornece um meio para a prática reflexiva docente, muitas vezes levantando questões sobre ensino e aprendizagem.

elo perdido: um termo para expressar a (às vezes ausente) pausa para reflexão sobre o que vimos e ouvimos nas turmas.

esquema: uma maneira de categorizar e organizar o conhecimento que faz parte do crescimento intelectual. Para as crianças, à medida que novos conhecimentos são adquiridos, esquemas antigos são ajustados ou alterados.

intencionalidade: ter um propósito específico em mente; ser proposital nas ações com as crianças e em relação a elas.

investigação: no contexto do currículo emergente, a investigação refere-se ao processo circular que ocorre quando os professores observam, refletem, respondem às crianças, oferecem convites para a aprendizagem mediada pedagogicamente e, em seguida, observam e refletem novamente. Uma investigação pode durar dias ou meses, dependendo do nível de interesse e engajamento dos envolvidos.

justificativa: a razão para prosseguir com um determinado curso de ação ou para manter uma crença. Ter uma justificativa sólida ajuda a garantir que os adultos envolvidos com as crianças sejam intencionais em sua prática.

livros de chão (*floorbooks*): um livro em branco, de tamanho grande, no qual as crianças desenham, rabiscam ou escrevem sobre o que capturou seu interesse em determinado momento. Eles podem ser complementados por fotografias ou pequenos artefatos.

pedagogista: termo italiano (comum no Norte da Itália) para a pessoa que trabalha com sistemas escolares em um papel de coordenador pedagógico, que atua em um grupo de escolas. São profissionais com maior experiência e que colaboram estreitamente com os professores. Um pedagogista se envolve em diálogo e reflexão com professores, famílias e outros colegas sobre tópicos como possíveis projetos, desenvolvimento e formação docente e orientações para futuros trabalhos com crianças.

projeto: um projeto de longo ou curto prazo é a investigação realizada por pequenos ou grandes grupos de crianças sobre um tópico de interesse para elas. Em colaboração, crianças e professores se envolvem em explorações, atividades e representações aprofundadas de suas compreensões.

reflexão: o significado de reflexão usado neste livro se refere ao pensamento profundo envolvido antes de responder às ações e às palavras das crianças. A reflexão fornece uma lente através da qual examinamos o trabalho das crianças de perto, procurando significados, padrões, entendimentos e mal-entendidos subjacentes. A reflexão pode ser realizada individualmente ou com colegas.

REFERÊNCIAS

ATKINSON, K. Pedagogical narration: what's it all about? *The Early Childhood Educator*, p. 3–7, 2012.

BRITISH COLUMBIA. Ministry of Education. *British Columbia early learning framework*. Victoria: BC, 2019.

BRITO, M. The infallible link between surprise and creativity. *The Groove*, v. 62, 2021.

COOPER, M. NAREA's board holds its first-ever meeting in Reggio Emilia, Italy. *Innovations*, v. 22, n. 2, 2015.

ESCAMILLA, I. M. Learning stories: observation, reflection, and narrative in early childhood education. *National Association for the Education of Young Children*, 2021.

KASHIN, D.; JUPP, L. Three stages of curation. *Technology Rich Inquiry Based Research*, 2013b.

KEYTE-HARTLAND, D. Processes and purposes of pedagogical documentation. *Gowrie*, [202-?]. Disponível em: https://www.gowriensw.com.au/thought-leadership/pedagogical-processes-debi-keyte-hartland. Acesso em: 23 set. 2024.

KRECHEVSKY, M. Harvard Project Zero's Mara Krechevsky talks about Making Learning Visible. *Art. Play. Children. Learning.*, 2020. Disponível em: https://louisapenfold.com/making-learning-visible/. Acesso em: 23 set. 2024.

LEWIN-BENHAM, A. *Twelve best practices for early childhood education*: integrating Reggio and other inspired approaches. New York: Teachers College, 2011.

MALAGUZZI, L. For an education based on relationships. *Young Children*, v. 49, n. 1, p. 9–12, 1993.

MARDELL, B.; HOWARD, A. Teacher Research-It Can be Done: Inquiry as a Team Sport. *Voices of Practitioners*, v. 7, n. 1, p. 11–15, 2012.

MILBOURNE, A.; GILL, S. *The rainy day*. London: Usborne Pub, 2005.

NICHOLSON, S. How not to cheat children: the theory of loose parts. *Landscape Architecture*, v. 62, n. 1, p. 30–34, 1971.

PELO, A.; CARTER, M. *From teaching to thinking:* a pedagogy for reimagining our work. Lincoln: Exchange, 2018.

PINKHAM, M. *Emergent curriculum with toddlers:* learning through play. St. Paul: Redleaf, 2021.

RINALDI, C. The pedagogy of listening: the listening perspective from Reggio Emilia. *Innovations in Early Education:* the international Reggio exchange, v. 8, n. 4, 2001.

SCHON, D. *The reflective practitioner:* how professionals think in action. New York: Basic Books, 1983.

STACEY, S. *Emergent curriculum in early childhood settings:* from theory to practice. 2. ed. St. Paul: Redleaf, 2018.

STREMMEL, A. Finding a research question. *Voices of Practitioners,* v. 7, n. 1, p. 7–10, 2012.

WIEN, C. A.; GUYEVSKEY, V.; BERDOUSSIS, N. Learning to document in Reggio-inspired education. *Early Childhood Research & Practice,* v. 13, n. 2, 2011.

WILLEMS, M. *Knuffle Bunny.* London: Walker Books, 2005.

WOON, Y. *Dead beautiful.* New York: Hyperion, 2010.

ÍNDICE

A

abordagem da Reggio Emilia à educação
 documentação pedagógica e, 1-2
 exposição de documentação, 40
 pedagogia da escuta e, 154-155
Adams, Belinda Naugler, 125-126
adesivos, 43-44
Agogliati, Lisa, 44-45
Ahearn, Krista, 78-82
alimento, uso em sala de aula, 53
anotações, 13-14
anotações semanais, 94
aplicativos
 Educa, 114-115
 Storypark, 114-115
aprendizado de linguagens
 acompanhando o
  desenvolvimento da, 108
 e documentação "bruta" desenvolvida
  por ou com crianças, 104-105
aprendizagem
 como chave para a documentação
  pedagógica, 129-131
 documentação como "convite" para as
  famílias para o processo de,
  82-84
 documentação pedagógica como
  auxílio na, exemplos de,
  132-143, 147-150
 dando possibilidades ao
  profissional, 131-132, 145
 história da natureza provisória
  e dinâmica da, 2-3
 tornando a, visível com a
  documentação, 33-34, 36-37,
  122-123
atividades, narração pública de, 34-36
Atkinson, Kim, 127-128

B

Bigelow, Barb, 2-3
blocos de esboço, 99-101, 157-159
blogs, 123-125
Boelsma, Kathy, 137-143

C

Carr, Margaret, 22-23
Carter, Margie, 10-11
Cem Linguagens
 descrição, 157-159
 exemplos de, 8-9, 77-78
colaboração
 descrição, 157-159
 entre educadores, 17
 entre educadores e crianças
  currículo como, 10-11
  documentação como, 9-10,
   20-23, 61, 110-111

visível pela documentação, 2-3, 7-8
Comeau, Annette
    acompanhando o desenvolvimento das crianças, 108
    auxílios para orientar os educadores no processo de documentação, 12-13
    auxílios para orientar os educadores no processo de reflexão, 13-15
    design e montagem de documentação em papel, 41-43
    sobre a documentação italiana, 40
    sobre o apoio a educadores, 17
    sobre o vídeo do projeto de balé, 95-96
comunicação
    com famílias
        anexos de documentação às notas semanais, 94
        diários, 92-93
        documentação como "convite" para o processo de aprendizagem, 82-84
        livretos, 95, 131-132
        portfólios individuais, 88-92
        vídeo, 95-96
    formas de, 77-82
    importância da, entre educadores, 146-147
    "pedagogia da escuta" e, 154-155
    usando as Cem Linguagens, 8-9, 77-78
conversas
    refletindo sobre, com as crianças, 26-27
    transcrições de, 21-23
Cooper, Margie, 128-129
crianças. *Ver também* crianças não verbais
    acompanhando o desenvolvimento da alfabetização das, 108
    como fotógrafas, 104-106
    currículo como colaboração entre educadores e crianças, 10-11
    dicas para tirar fotos de, 48
    documentação "bruta" e desenvolvida por ou com, 103-105
    "diários" de, como, 105-107
    escrevendo amostras de, como, 108
    documentação como colaboração entre educadores e, 9-10, 20-23, 61, 110-111
    documentação e consentimento das, 9-10
    documentação possibilitando a colaboração entre educadores e famílias e, 2-3
    efeito da documentação pedagógica sobre, 2-3
    examinando o trabalho das, por meio da documentação, 32-34
    fontes e tamanho da fonte ao compartilhar a documentação com, 41-43
    livros de chão (*floorbooks*), 22-23, 83-84, 108-109
    reflexão sobre conversas com, 26-27
crianças não verbais
    comunicação de, 78-82
    crianças compreendendo, 77-78
    documentação, 78-85
    documentação "bruta" desenvolvida por ou com, 104-105
    refletindo sobre a linguagem de, 85
crianças pequenas, documentando, 82-85
curiosidade, como parte do processo reflexivo, 9-10
currículo
    como colaboração entre educadores e crianças, 10-11

documentação pedagógica
    como ferramenta de
    planejamento para, 36-37
    emergente
        ciclo de investigação
            no, 1-2, 11-12
        descrição, 157-159
        fotografias e, 45
currículo emergente
    ciclo de investigação no, 1-2, 11-12
    descrição, 157-159
    fotografias e, 45
Curtis, Deb, 10-11

D

D'Onofrio, Anna-Maria, 135-136
de Guzman, B., 83-84
desenvolvimento profissional
    auxílios para orientar os educadores
        no processo de reflexão, 13-15
    documentação pedagógica como
        viabilizadora do,
        131-143, 145, 147-150
    refletindo sobre, 13-14
    técnicas de observação e escrita, 17
design de textos, 41-43, 60
diários, 63, 92-93
diretores. *Ver* gestores
*Diretrizes de aprendizagem da educação
    infantil de British Columbia*, 18,
    127-128
documentação. *Ver também* documentação
    "bruta"; documentação digital;
    documentação pedagógica
        anexada às notas semanais, 94
        auxílios para orientar os
            educadores no processo de
            documentação, 12-13, 16
        colaboração visível pela, 2-3, 7-8
        como abertura do mundo das
            crianças aos adultos, 82-84
        como apoio ao desenvolvimento
            dos educadores, 10-11
        como colaboração entre educadores,
            crianças e famílias, 2-3
        como colaboração entre educadores e
            crianças, 9-10, 20-23, 61, 110-111
        como "convite" para as
            famílias para o processo de
            aprendizagem, 82-84, 87-88
        de crianças não verbais, 78-85
        de momentos extraordinários, 19-20
        efeito da, nas famílias, 2-3
        elementos da, 7-8
        exposição *versus*, 129-130
        formas de
            diários, 63, 92-93
            digital, 21-22
            escolher, 17
            Histórias de Aprendizagem,
                22-23
            livretos, 95
            livros de chão (*floorbooks*),
                22-23, 83-84
            narração pedagógica, 18
            painéis, 18
            portfólios individuais,
                21-22, 88-92
            registros diários, 19-21, 92-93
            salas como, 23-24
            transcrições ou gravações
                de conversas, 21-23
        investigação visível pela, 2-3
        noções básicas, 8-9, 13-15
        papel da, em projetos de
            longo prazo, 153-154
        refletindo sobre
            aumentando a
                acessibilidade da, 98
            decisões, 64
            determinando o que e
                como incluir, 155

em comparação com
a documentação
pedagógica, 23-24
tempo necessário para, 113-114
tornando a aprendizagem visível
com a, 33-34, 36-37
documentação "bruta"
amostras de escrita das crianças, 108
descrição, 99-100, 157-159
desenvolvida por ou com crianças
aprendizagem de
linguagens e, 104-105
processo de, 103
"diários" das crianças, 105-107
evolução da, para
documentação, 110-111
formas de
blocos de esboço, 99-101
murais de reflexão, 101-102
processos curriculares, 102-103
livros de chão (*floorbooks*)
crianças não verbais e, 83-84
descrição, 22-23, 108-109
refletindo sobre, 44-45, 111
uso de, 12-13
documentação digital, 21-22
aplicativos para *layouts*, 117-121
aplicativos para tirar fotos e
adicionar anotações, 114-115
armadilhas da, 21-22, 121-122
blogs, 123-125
compartilhamento entre
colegas, 115-116
compartilhamento pelas
redes sociais, 121-123
considerações sobre *design*, 41-43
exemplos de, 116-119
famílias e, 115-118
incentivando educadores
a fazer, 116-118
oportunidades de *design*, 117-119

oportunidades de exposição, 117-119
otimização do processo de
documentação, 113-114
processo reflexivo e, 125-126
QR Codes na, 118-119
sites, 124-126
software de voz para texto, 114-115
tornando a aprendizagem
visível e, 122-123
transição para a, 114-116
documentação eletrônica, 21-22
documentação pedagógica
abordagem da Reggio Emilia à,
1-2
aprendizagem como chave
para, 129-131
as primeiras experiências
de Stacey com, 2-3
benefícios da, 1-3
como arquivo, 130-132
como auxílio na aprendizagem
profissional, 131-143, 145,
147-150
como ferramenta de
planejamento curricular, 36-37
como pesquisa docente, 7-9
coletando dados para, 34-35
como ato político, 142-144
como história da natureza provisória
e dinâmica da aprendizagem, 2-3
como processo, não produto,
128-130
como validação, 2-3
descrição, 157-159
desenvolvendo o hábito de
coletando e organizando
dados, 34-35
começando com pergunta ou
curiosidade do educador, 26-28
desenvolver habilidades de
letramento visual, 35-37

ficar confortável com a exposição
  pública de atividades, 34-36
elementos da, 7-8
exemplos de
  diário de estagiário, 147-150
  o que é arte?, 28-29
  projetos de longo prazo,
    30-31
  trabalhos das crianças, 33-34
interpretação de eventos
  e compartilhamento de
  conhecimento, 127-129
níveis de, 7-8
objetivo da, 36-37, 119-121
refletindo sobre, 12-13, 23-24
usando, em redes de pares, 146-147
documento curricular da educação
  infantil de Nova Escócia, 15

E

Educa, 114-115
educadores
  apoio dos gestores para, aos
    fornecer auxílios para
      orientar os educadores no
      processo reflexivo, 13-15
    fornecer desenvolvimento
      profissional de técnicas de
      observação e escrita, 17
    fornecer pessoal para
      desenvolvimento da
      documentação, 11-13
    fornecer tempo para reflexão
      e documentação, 113-114
  colaboração entre, 17
  como pesquisadores, 146-147
    experiência dos
      estagiários, 147-150
    projeto do carrossel Flying
      Horses e, 149-154
    redes de pares e, 146-147
  compartilhamento de documentação
    digital entre colegas, 115-116
  definição da pesquisa
    docente, 146-147
  desenvolvimento dos, como
    documentadores, 33-37
  desenvolvimento profissional
    para, 11-15, 17
  documentação
    como colaboração entre
      educadores e crianças,
      9-10, 20-23, 61, 110-111
    e processo reflexivo como apoio
      ao desenvolvimento dos, 10-11
    exposição da, por, nos centros
      de Reggio Emilia, 40
    possibilitando a colaboração
      entre crianças e famílias e,
      2-3
    provocada por pergunta ou
      curiosidade dos, 26-29
  documentação pedagógica como
    validação de trabalho dos, 2-3
  encorajando os, na documentação
    digital, 116-118
  fotografias como ferramenta para
    facilitar reflexões dos, 45-47
  importância da comunicação
    com os colegas, 146-147
  particulares, 12-13
  refletindo sobre a jornada de
    documentação dos, 36-37
  trabalhando com estagiários, 51-52
"elo perdido". *Ver também* reflexão
  e processo reflexivo
  descrição, 157-159
  importância do, 9-10
Emergent Curriculum with Toddlers
  (Pinkham), 13-14, 82-84
Escamilla, Isauro M., 142-144
escuta, pedagogia da, 154-155

espaços em branco, 43
esquema, descrição, 82-84, 157-159
estagiários
    como professores
        pesquisadores, 147-150
    trabalhando com, 51-52
exploração
    da amizade, 67
    da brincadeira inventada, 68
    da investigação sobre o
        pássaro e a coruja, 71-72
    das abóboras de Kyrell, 73
    das visões de um dia de
        tempestade, 69
    de poções, 51-54
    do Bosque dos Cem Passos, 74-76
    do pobre pássaro, 66-67
    do problema de espaço, 70
    sobre pássaros e prédios, 66-67
exposição da documentação
    como início, 7-8
    de maneiras inovadoras e
        inesperadas, 96-98
    design e orientação de
        textos, 41-43, 60
    dicas de planejamento, 43-44
    espaços em branco, 43
    fotografias, 43-43
    grandes projetos, 30-31, 43-43
    importância da, 43
    oportunidades de *design* de
        documentação digital, 117-119
    por educadores de Reggio, 40
    sem suporte, 97-98
    superfícies de montagem
        e adesivos, 43-44
    título de, 49
exposição, documentação *versus*,
    129-130
expressões faciais, comunicando-se
    com, 77-82

F

Facebook, 121-123
famílias
    blocos de esboço e, 99-100
    comunicando-se com as, por
        diários, 92-93
        documentações em anexo
            às notas semanais, 94
        livretos, 95, 131-132
        portfólios individuais, 88-92
        vídeo, 95-96
    documentação
        como "ímã" para envolver no
            dia a dia da escola, 87-88
        documentação como
            "convite" para o processo
            de aprendizagem, 82-84
        efeito da, nas, 2-3
        possibilitando a colaboração
            entre educadores e
            crianças e, 2-3
    documentação digital e, 115-118
    processos curriculares e, 102
floorbooks. *Ver* livros de chão
Floyd, Sandra, 74-76
fontes, 41-43
    Projeto Chocolate, 60
fornecendo
    auxílios para orientar os educadores
        no processo reflexivo, 13-15
    pessoal para desenvolvimento
        da documentação, 11-13
    tempo para reflexão e
        documentação, 113-114
fotografias e fotografia
    assentimento das crianças e, 9-10
    como forma de iniciar o
        processo reflexivo, 9-11
    criando efeito de movimento,
        95-96
    currículo emergente e, 45

de exploração de poções, 51-54
de interações com materiais, 9-10
dicas para tirar, de crianças, 48
do Projeto Chocolate, 55-58, 60-64
documentando reações de crianças
   não verbais, 104-105
exposição de, 43-43
organização e armazenamento, 13-14
por crianças, 104-106
qualidade e, 45
refletindo sobre
   como documentação
      "bruta", 44-45
   usando, para exposição de
      documentação, 49

G

Gambetti, Amelia, 1-3
Garden Gate Child Development
   Center (Vineyard Haven,
   Massachusetts), 149-154
gestores
   apoiando os educadores pelo
      desenvolvimento profissional de
      técnicas de observação e escrita, 17
Gilmore, Amber, 132-134
Glen, Julie, 102
gravações de conversas, 21-23

H

habilidades literárias visuais
   desenvolvimento dos
      educadores, 35-37
Harvard Graduate School of
   Education, 22-23
Hawkins, David, 117-118
Hawkins, Frances, 117-118
Hicks, Liz, 73, 115-116
hierarquia de informações, descrição, 43
Histórias de Aprendizagem, 22-23
Howard, Andrée, 146-147

I

"Inquiry as a Team Sport" (Mardell
   e Howard), 146-147
Instagram, 121-123
intencionalidade, descrição, 157-159
investigação
   ciclo de, no currículo
      emergente, 1-2, 11-12
   descrição, 157-159
   elementos das salas de aula
      com base em, 129-130
   inspiradora, 110
   visível pela documentação, 2-3
investigação e documentação
   da árvore, 133-135

J

Jupp, Louise, 22-23, 122-123
justificativa, descrição, 157-159

K

Kashin, Diane, 22-23, 122-123
Keating, Bobbi-Lynn, 76
Keyte-Hartland, Debi, 129-130
Krechevsky, Mara, 129-130

L

"Learning Stories: Observation,
   Reflection, and Narrative in
   Early Childhood Education"
   (Escamilla), 142-144
Lee, Wendy, 22-23
"lente de pensamento", 25-26
Leonardo da Vinci, 99-100
Lewin-Benham, Ann, 36-37, 87
literatura, usando a, 139-140
livretos, comunicando-se com as
   famílias usando, 95, 131-132
livros de chão (*floorbooks*)
   crianças não verbais e, 83-84

descrição, 22-23, 108-109, 157-159
livros em estilo acordeão, 98

M

Making Teaching Visible (Harvard Graduate School of Education), 22-23
Malaguzzi, Loris, 77-78
Mardell, Ben, 146-147
materiais de uso livre, teoria dos, 117-118
materiais, fotografando interações com, 9-10
McLean, Christine, 8-9
mediação pedagógica (andaime)
    descrição, 157-159
    processo progressivo na, 153-154
Microsoft PowerPoint, 117-119
Microsoft Publisher, 118-119
Mizthoff, Hannah, 95-96
Model Early Learning Center (MELC), 1-3
momentos extraordinários
    exemplos de, 65
        Bosque dos Cem Passos, 74-76
        exploração das abóboras de Kyrell, 73
        exploração do problema de espaço, 70
        investigação de pássaros, 71-72
        jogo inventado, 68
        momento de amizade, 67
        pobre pássaro, 66-67
        visões de um dia de tempestade, 69
    refletindo sobre encontrar e documentar, 76
Morgan, Alex, 45
murais de reflexão, 101-102

N

narração pedagógica, 18
Nicholson, Simon, 117-118

O

observações
    distância das crianças nas, 8-10
    organizando, 34-35
    por uma "lente de pensamento", 25-26
Oignon, Laura, 81-82
Ott, Brianna, 133-135

P

padrões nas brincadeiras, descrição, 82-84
pais. *Ver* famílias
pastas das "Reflexões", 16
pedagogista, descrição, 157-159
Pelo, Ann, 10-11
Penfold, Louisa, 129-130
pesquisa docente, definição, 13-14
Pinkham, Melissa, 13-14, 82-84
portfólios individuais, 21-22, 88-92
PowerPoint, 117-119
Prezi, 118-119
privacidade e documentação digital, 121-122
processos curriculares, 102-103
processos, explicando com a documentação, 31-43
Projeto Chocolate
    decisões de documentação, 59-64
    desenvolvimento da fábrica de chocolate, 56-58
    design de textos, 60
    diários, 63
    estagiários e, 51-52
    exploração de poções e, 51-54
    fotografias, 55-58, 60-64
    grãos de cacau e, 54-55
projeto de balé, 95-96

projeto do carrossel Flying
  Horses e, 149-154
projetos, 157-159. *Ver também*
  momentos extraordinários; Projeto
  Chocolate; projetos de longo prazo
projetos de curto prazo.
  Ver momentos extraordinários
projetos de longo prazo.
  Ver também Projeto Chocolate
    carrossel Flying Horses, 149-154
    documentação, 30-31, 43-43
    papel da documentação nos,
      153-154
protocolo Thinking Lens©, 10-11
protocolos, como ferramentas, 13-14

Q

QR Codes, 118-119

R

redes de pares, 146-147
redes sociais
  compartilhamento de documentação
    por meio de, 121-123
  Facebook, 121-123
  Instagram, 121-123
reflexão e processo reflexivo
  aumentando a acessibilidade
    da documentação, 98
  auxílios para orientar os
    educadores na, 13-15
  como apoio ao desenvolvimento
    dos educadores, 10-11
  comparação da documentação
    pedagógica com a
    documentação, 23-24
  conversas com crianças e, 26-27
  curiosidade e, 9-10
  decisões de documentação, 64
  desenvolvimento dos educadores
    como documentadores, 36-37

determinando o que e como
  documentar, 155
documentação "bruta", 44-45, 111
documentação digital, 125-126
documentação pedagógica como
  auxílio na aprendizagem
  profissional, 131-143, 145
"elo perdido" e, 21-22
encontrando momentos
  extraordinários para
  documentar, 76
estagiários e, 51-52
eventos de aprendizagem
  profissional, 144
fatos básicos sobre, 127-128, 157-159
fotografias
    como documentação
      "bruta", 44-45
    como ferramenta facilitadora
      para os educadores, 45-47
    como forma de começar, 9-11
    para exposição, 49
  importância da, 9-10
  linguagem de crianças não verbais, 85
  observação e, 25-26
  perguntas para documentação
    pedagógica, 130-131
  Reflexão na Ação/Reflexão sobre a
    Ação/Reflexão para a Ação, 15
  tempo necessário para, 113-114
  velocidade e, 121-122
Reflexão na Ação/Reflexão sobre a
  Ação/Reflexão para a Ação, 15
registros diários, 19-21, 92-93
relacionamentos e observação, 25-26
Rinaldi, Carlina, 154-155

S

salas
  baseadas em investigação, 129-130
  como forma de documentação, 23-24

Schon, Donald, 13-14, 15
sites, 124-126
software de voz para texto, 114-115
Stapleton, Donna, 114-116
Storypark, 114-115
Stremmel, Andrew, 146-147

T

tamanho da fonte, 41-43
Technology Rich Inquiry Based Research (blog), 22-23, 122-123
"The Pedagogy of Listening Perspective from Reggio Emilia" (Rinaldi), 154-155
"The Three Stages of Curation" (Kashin e Jupp), 122-123
título da exposição de documentação, 49
transcrições de conversas, 21-23
Twelve Best Practices for Early Childhood Education (Lewin-Benham), 36-37, 87

V

vídeo, 95-96

visões de um dia de tempestade, 69
Vygotsky, Lev, 157-159

W

Warden, Claire, 22-23
Wien, Carol Anne
    documentação pedagógica
        como história da natureza provisória e dinâmica da aprendizagem, 2-3
        como pesquisa docente, 7-9
    fotografia e, 9-11
    progressão dos educadores se desenvolvendo como documentadores, 33-34
Woon, Yvonne, 130-131

Y

Yew Chung International School, Hong Kong, 132-134
Yuen, Leigh Ann, 149-154